MW01274104

A Guide to the Danish Language

Designed For English Students

Maria Bojesen

Alpha Editions

This edition published in 2020

ISBN : 9789354179013 (Hardback)

ISBN : 9789354177217 (Paperback)

Design and Setting By
Alpha Editions
www.alphaedis.com
email - alphaedis@gmail.com

English scholars have complained of the inadequate means for the study of the Scandinavian tongues. »The Guide« has been compiled to add to the means of studying the *Danish* language, and the aim of the authoress has been, to aid the student by a natural arrangement of the subject matter and by a statement of the principles and rules in as simple language as her knowledge of English permits.

The second part contains a selection from Danish poetry together with prose extracts from *»Rejse igjennem Danmark«* and some popular traditions. This, it is hoped, will form an easy introduction to Danish literature.

London, July 1863.

TABLE OF CONTENTS.

PART I.

PART II.

Of Pronunciation. *(Om Udtalen.)*

§ 1. There are no diphthongs in the Danish language; but *aj, ej, oj, uj,* and *öj,* though written by many as *ai, ei, oi, ui,* and *öi,* are pronounced with the open sound of the vowels, and a distinct *y* consonant following, never like *ai, ei* in French. *Aa* may, however, be called a diphthong.

Some of the letters have a double sound. In order to give as little trouble as possible, it will be well to state as a rule, that the vowels *generally* are accentuated or close when they end a syllable, and open between two consonants, especially before *ld, lg, nd, ng;* as—

Fáder,	father.	*Herre,*	gentleman.
Brŏder,	brother.	*Klokke,*	clock.
Kó,	cow.	*Brand,*	fire.
Stí,	path.	*Eng,*	meadow.

§ 2. The *first radical syllable* has usually the accent when the word is of Teutonic origin; but in words derived from the southern languages, the stress is generally put *on the last,* as: *Haabløshed,* despair; *Natúr,* nature; *Forhaabning,* expectation; *Bibliothék,* library.

The English sounds of *ch, sh* and the sharp *th* are entirely unknown to the Danish language.

E has always a *short* sound at the end of words, as: *Herre, Klokke;* e g is pronounced *ei,* as: *jeg, I; Omegn,* environs.

F is used by some authors in foreign words instead of *ph:* Filosof (Philosoph) and *k* instead of *ch: Monark.*

After *l, n, r,* the letters *d* and *g* are very often indistinctly pronounced in familiar conversation, as *Ild,* fire; *Vand,* water.

Some words spelt in the same manner are only distinguished by the accentuation, as:

Fórslag, proposal; *Forsldg*, sufficiency.

§ 3. In the division of words into syllables, *j* always remains with the preceding vowel, as; *Vej*, *Vej-e*, ways. The other consonants combine with the vowel following, as: *Land*, country, *Lan-de*, countries; *Krig*, war, *Kri-ge*, wars. When the primitive is a Danish word with *a*, *o*, *u* it is quite erroneous to insert the *j* after the vowel, as many writers do, as: *kjæmpe* instead of *kæmpe*, to fight, because the primitive is *Kamp*; *han skød*, he shot, (not *skjød*) from *Skud*.

§ 4. In monosyllables ending in a consonant, the vowels *e*, *i*, *u* are often doubled, as: *Meel*, flour; *Viin*, wine; *Muur*, wall; but this does not take place when a vowel is added in the inflection of the word, as: *Melet*, the flour; *Vinen*, the wine; *Muren*, the wall.

Before the soft consonants *b*, *d*, *g*, *v*, the vowels are never doubled: *Skib*, vessel; *Brød*, bread; *rig*, rich; *stiv*, stiff.

§ 5. Every Noun substantive is written in Danish with a capital letter: *en Mand*, a man; *et Barn*, a child. Adjectives are written with small initials, even those of national names, contrary to the English custom: *det danske Sprog*, the Danish language; *den amerikanske Krig*, the American war. Except. when used absolutely.

PART II.

Etymology.

Etymology exhibits and explains the changes of form which words undergo. Changes are effected either by Composition or Derivation.

The inflection of a Noun is called its *Declension*, the inflection of a verb its *Conjugation*.

The inflection of the articles.
(Kjendeordene.)

There are two genders, *Kjøn*, in the Danish language, viz: the *common*, *Fælleskjøn*, including the Masc. and the Fem. *Hankjön og Hunkjön*, and the *neuter: Intetkjön*. The numbers are the usual two: the singular, *Enkeltallet*; the plural, *Fleertallet*. The articles, *Kjendeordene*, are three; one indefinite and two definite; one being used for Nouns substantive, and the other for Adjectives.

The indefinite article.
(Det ubestemte Kjendeord.)

	the com. g.	the neut. g.
Sing.	*en Konge*, a King. *en Blomst*, a flower.	*et Rige*, a state. *et Træ*, a tree.
Plur.	*Konge-r*, Kings. *Blomst-er*, flowers.	*Rige-r*, states. *Træ-er*, trees.

The article has no plural.

The definite article,
(Det bestemte Kjendeord.)

is added as an affix to the Substantive, but placed before the Adjective as a separate word. It is in the common gender *en*, *n*; in the neuter *et*, *t*; and in the plural of both genders *ne*, *ene*. The article of adjectives is: *den*, *det*, *de*.

	the com. g.	the neut. g.
Sing.	*Konge-n*, the King. *Blomst-en*, the flower.	*Rige-t*, the state. *Træ-et*, the tree.
Plur.	*Konger-ne*, the Kings. *Blomster-ne*, the flowers.	*Riger-ne*, the states. *Træer-ne*, the trees.

The article before the adjective:

	the com. g.	the neut. g.
Sing.	den gamle Konge. den smukke Blomst.	det store Rige. det grønne Træ.
Plur.	de gamle Konger. de smukke Blomster.	de store Riger. de grønne Træer.

Nouns substantive.
(Hovedord.)

For the gender of nouns it is impossible to give satisfactory rules; the following observations will therefore present several exceptions, which can only be learned by use.

§ 6. To the *common gender* belong names of *persons* and *dignities, sciences, arts, animals, plants, trees, stones, seasons, months, days, winds, weathers, rivers, illnesses, coins,* and most names of *tools* and *implements,* as: *Manden,* the man; *Prindsessen,* the Princess; *Jordbeskrivelsen,* the geography; *Kobberstikkerkunsten,* the art of engraving; *Hesten,* the horse; *Rosen,* the rose; *Egen,* the oak; *Smaragden,* the emerald; *Sommeren,* the summer; *Torsdagen,* the Thursday; *Nordenvinden,* the north-wind; *en kold Februar,* a cold February; *Regnen,* the rain; *Rhinen,* the Rhine; *Feberen,* the fever; *en Dukat,* a ducat; *en Høvl,* a plane; *en Tromme,* a drum. Exceptions are:

1) compound words of which the last part is a neuter, as: *et Mandfolk,* a male person; *et Egetræ,* an oak.

2) some names of living beings, used for both sexes, as: *et Folk,* a people; *et Barn,* a child; *et Lam,* a lamb; *et Egern,* a squirrel; and

3) some names of the principal parts of plants, as: *et Halmstraa,* a straw.

Of the common gender are also derivate nouns in *de*, *dom*, *en*, *else*, *hed*, *ing*, *ning*, *sel*, *skab* and *t*, as: *Højde*, height; *Viisdom*, wisdom; *Læsen*, reading; *Vielse*, marriage; *Godhed*, kindness; *Brydning*, wrestling; *Vandring*, walk; *Indførsel*, sequestration; *Daarskab*, folly; *Vagt*, guard. Also foreign words in *on*, *ion*, *isme*, *tet*; except.: *Universitet*, university.

§ 7. Neuters are: 1) the names of the *parts of the world*, of *countries*, *cities*, *towns*, *letters*, *metals*, as: *det rige Australien*, the rich Australia; *det skjønne Italien*, the beautiful Italy; *det tiltrækkende Paris*, the attractive Paris; *det store B*, the capital B; *Guldet*, the gold; *Sølvet*, the silver.

2) Monosyllabics signifying an action, formed of Infinitives without any additional termination, as: *et Tryk*, a pressure; *et Spring*, a jump; *et Greb*, a grasp.

3) Derivative nouns in *eri*, *dømme* and those in *skab* signifying relationship, as: *et Bedrageri*, a fraud; *et Herredömme*, a dominion; *et Broderskab*, a fraternity.

§ 8. Compound words take generally the gender of the last part, as: *Barnedaab-en*, the christening; *Birketræ-et*, the birch.

Several words have changed their gender in the course of time, and are either used in both genders, as: *Tang*, sea-weed; *Sammenhæng*, connection, context; *Lejde*, safe conduct; or they have changed the common for the neuter, as: *et Kys*, a kiss; *et Suk*, a sigh; *et Spejl*, a looking-glass; *et Sted*, a place.

Et Bogstav, a letter, and *et Sted*, a place, are still used in the common gender in some phrases, when *et Sted* is compounded in forming adverbs, as: *Bogstaven ihjelslaaer, men Aanden gjør levende*;

8

andensteds, elsewhere; *ingensteds*, nowhere. *En Taage*, a mist, was formerly a neuter, hence the phrase: *at gaae i Taaget*, to be thoughtless.

§ 9. The following words change the gender according to their signification

en Ark, an ark,	*et* Ark, a sheet of paper.
en Bid, a morsel,	*et* Bid, a bite.
en Birk, a birch,	*et* Birk, a judicial division of the country.
en Bo, an habitation (Bolig),	*et* Bo, a furniture (Bohave).
en Brok, a badger,	*et* Brok, a hernia.
en Brud, a bride,	*et* Brud, a breach, rupture.
en Buk, a he-goat,	*et* Buk, a bow.
en Digt, a fable,	*et* Digt, a poem.
en Flor, a prosperity,	*et* Flor, a gauze.
en Frø, a frog,	*et* Frø, a seed.
en Fýr, a young man, (*en* god Fýr, a good fellow),	*et* Fýr, a light-fire. *et* Fyr, a fir-tree.
en Følge, a consequence,	*et* Følge, a retinue.
en Gran, a pine,	*et* Gran, a grain.
en Hagl, a hail,	*et* Hagl, small shot.
en Klap, a flap,	*et* Klap, a slap.
en Leje, a hire,	*et* Leje, a bed, couch.
en Lem, a shutter, trap-door,	*et* Lem, a limb.
en Læg, the calf of the leg,	*et* Læg, a fold, dogs-ear.
en Lod, a lot,	*et* Lod, half an ounce.
en Mode, a fashion,	*et* Mode, a meeting of clergymen (Landemode).
en Nöd, a nut, *en* Nød, a distress,	*et* Nöd, a neat.
en Nøgle, a key,	*et* Nøgle, a reel.
en Raad, a councellor,	*et* Raad, an advice.

en Riim, a hoar frost,	*et* Riim, a rhyme.
en Riis, rice,	*et* Riis, a ream of paper.
en Segl, a sickle,	*et* Segl, a seal.
en Sigte, a sieve,	*et* Sigte, an aim, to take aim.
en Skjold, a spot,	*et* Skjold, a shield.
en Skrift, a writing,	*et* Skrift, a literary work.
en Sold, pay of soldiers,	*et* Sold, a coarse sieve.
en Snært, a lash,	*et* Snært, a stroke of a whip.
en Spand, a bucket,	*et* Spand, a team of horses.
en Stift, a pin, nail,	*et* Stift, a diocese, a religious or charitable institution.
en Söm, a seam,	*et* Söm, a nail.
en Ting, a thing,	*et* Thing, an assize, a parliament.
en Tryk, a print,	*et* Tryk, a pressure.
en Vaar, a spring,	*et* Vaar, the cover of a cushion.
en Værge, a guardian,	*et* Værge, a weapon.
en Værk, a pain, palsy,	*et* Værk, a work.
en Æsel, a donkey, (abusive name).	*et* Æsel, a donkey (animal).

§ 10. Feminine nouns are formed from the Masculine by adding *inde*, *esse* or *ske*, as: *Bestyrer*, Director, *Bestyrerinde*; *Drotning* (old Danish from *Drot*, *Konge*, is now changed into *Dronning*); *Baron*, Baron, *Baronesse*; *Klaffer*, backbiter, *Klafferske*. The Masc. and Fem. of some animals are irregular, as: *Hane*, cock; *Höne*, hen; *Hankat*, he-cat; *Hunkat*, she-cat.

The declension of Nouns.
(Hovedordenes Böjningsmaade.)

There are no particular terminations for more cases than the Genitive in the Danish language;

the Accusative and often also the Dative are expressed without any preposition, merely by their relative position to the verb. The Nominative usually precedes the verb, the Dative follows next to it, and the Accusative takes the last place, as: *Faderen gav sin Sön en Bog*, the father gave his son a book; *Venskab mildnede Kongen Livets Byrde*, friendship alleviated to the King the burden of life.

The Danish appellation for the Nominative is *Nævnefald*, for the Genitive, *Ejefald*, for the Dative, *Hensynsfald*, for the Accusative, *Gjenstandsfald*. In the Genitive all nouns add an *s* without the apostrophe used in the English language.

§ 11. The declensions of nouns depend upon the mode in which they form their plural, which takes place in 4 different ways.

The *first* containing all nouns ending in a short *e* of what ever gender they may be, takes *r* in the plural, as: *Bølge*, wave, *Bølge-r*; *Rige*, state, kingdom, *Rige-r*.

The *second* adds an *e* in the plur., as: *Dreng*, boy, *Dreng-e*; *Hest*, horse, *Hest-e*.

The *third* takes in the plur. *er*, as: *Blomst*, flower, *Blomst-er*; *Sky*, cloud, *Sky-er*; and words of the *fourth* order are alike in both numbers, as: *Lys*, candle; *Sprog*, language; *Pund*, pound.

The plural of the Nouns will then be:

Sing. { *Pige* (c), girl. / *Eng* (c), meadow. / *By*, (c), town. / *Brød* (n), loaf.

Plur. { *Pige-r*, girls. / *Eng-e*, meadows. / *By-er*, towns. / *Brød*, loaves.

and the 4 declensions as follows:

Indefinitely, *ubestemt.*

Sing. { Nom.: *Have*, garden. / Gen.: *Have-s.*

Dreng, boy. / *Dreng-s.*

Plur. { Nom.: *Have-r.* / Gen.: *Have-rs.*

Dreng-e. / *Dreng-es.*

Sing.	Nom.:	*Blomst,* flower.	*Sprog,* language.
	Gen.:	*Blomst-s.*	*Sprog-s.*
Plur.	Nom.:	*Blomst-er.*	*Sprog.*
	Gen.:	*Blomst-ers.*	*Sprog-s.*

Definitely, *bestemt.*

Sing.	Nom.:	*Have-n,* the garden.	*Dreng-en,* the boy.
	Gen.:	*Have-ns.*	*Dreng-ens.*
Plur.	Nom.:	*Haver-ne.*	*Drenge-ne.*
	Gen.:	*Haver-nes.*	*Drenge-nes.*
Sing.	Nom.:	*Blomst-en,* the flower.	*Sprog-et,* the language.
	Gen.:	*Blomst-ens.*	*Sprog-ets.*
Plur.	Nom.:	*Blomster-ne.*	*Sprog-ene.*
	Gen.:	*Blomster-nes.*	*Sprog-enes.*

§ 12. Of words belonging to the *first* class, *Lige,* equal, *Penge,* money and *Tilfælde,* accident, are alike in both numbers. *Penge* has a definitive plural, *Pengene; Tilfælde* a def, Sing. *Tilfældet;* but *Lige* has no definitive, neither Sing. nor Plur., it must be changed in *Ligemænd.*

Öje, eye has in the plur. *Öjne* and *Öjer. Öjne* is the pl. of eye as the organ of sight; *Öjer* is used as *Synaaleöjer,* eyes of needles. *Øre,* ear, has *Ører* and *Øren;* they are both used for the organ of hearing; *Ører* also means *handle,* viz. in a washing-tub. *Oxe,* ox, takes *Øxne* and *Oxer.*

Bonde, peasant, yeoman, changes the vowel in the plural: *Bønder.*

Some words denoting dignity or rank and ending in *e,* lose this *e* when preceding a name, as: *Konge,* King, *Kong Frederik; Greve,* Count, *Grev Moltke.* The words *Læge,* medical man, *Pave,* Pope, *Kammerherre* (a Danish title) and female titles in *inde* and *esse* are never abbreviated, as: *Stadslæge Bojesen, Grevinde Holck.*

12

§ 13. Some dissyllables in *el, er, en* belonging to the *second* class, suffer a contraction in the plur., as *Ager,* field, *Ag-re; Engel,* angel, *Eng-le.* Masc. derivatives reject this contraction, as: *Bød-ker,* cooper, *Bødkere; Græker,* Greek, *Grækere.* Some words change their vowel in the plur. as: *Fader,* father, *Fædre; Moder,* mother, *Mødre; Bro-der,* brother, *Brødre.*

§ 14. To the *third* class belong specially all derivatives in *i* and *hed* and foreign words terminating in consonants, as: *Vadskeri,* washing-house, *Vadskeri-er; Bogtrykkeri,* printing-office, *Bogtrykke-ri-er; Vittighed,* wit, *-er; Rettighed,* privilege, *-er; Student, -er, General, -er, Religion, -er.*

Dissyllables in *el* are contracted in the plur. as: *Titel,* title, *Titler; Varsel,* omen, *Varsler.* A number of this class, most of them monosyllables, change their vowel in the plur., as:

And, duck, *Ænder.*	*Rod,* root, *Rødder.*
Bod, fine, *Bøder.*	*So,* sow, *Søer.*
Bog, book, *Bøger.*	*Stad,* city, *Stæder.*
Fod, foot, *Fødder.*	*Stand,* estate, *Stænder.*
Haand, hand, *Hænder.*	*Stang,* perch, *Stænger.*
Ko, cow, *Køer.*	*Taa,* toe, *Tæer.*
Klo, claw, *Kløer.*	*Tand,* tooth, *Tænder.*
Kraft, strenght, *Kræfter.*	*Tang,* tongs, *Tænger.*

§ 15. The *fourth* class contains *monosyllables,* a great number of which are primitive, but a considerable number are derived from *verbs,* as:

Primitives.

Aag, yoke.	*Brag,* crash.
Folk, people.	*Horn,* horn.
Lys, light.	*Pund,* pound.
Slag, blow.	*Æg,* egg.

Derivatives.

Drag, draught from the verb *at drage.*
Haab, hope — — *at haabe.*
Liv, life — — *at leve.*
Tryk, pressure — — *at trykke.*

§ 16. Some of the primitive Nouns change
their vowel in the Plur. as: *Mand*, man, has *Mænd*;
Gaas, goose, *Gæs*; *Barn*, child, *Børn*.

§ 17. Some words double the final consonant
in the Plur. as well as in the Sing. definite. Those
are especially words having a short or sharp vowel
followed by a single consonant, as: *Hat*, hat, bon-
net, *Hatte*; *Ven*, friend, *Venner*; *Dom*, judgment,
Dommer; *Bön*, prayer, *Bönner*.

§ 18. Some nouns have no singular number,
as: *Briller*, spectacles; *Beenklæder*, trousers; *Kaar*,
circumstances (in life); *Löjer*, fun; *Fagter*, grima-
ces, antics; also some Nouns proper: *Dardanellerne*,
the Dardanels; *Alperne*, the Alps; *Karpatherne*, the
Carpathians.

Some others are never used in the Plur; such
are the names of *metals*, *earths*, *herbs*, *vegetables*,
virtues, *vices*, *qualities*, several sorts of *provision*,
and abstract words: *Tin*, pewter; *Sand*, sand; *Leer*,
clay; *Hvede*, wheat; *Havre*, oats; *Kjød*, meat; *God-
hed*, kindness; *Nid*, envy; *Ære*, honor; *Flid*, in-
dustry.

§ 19. Some though possessing a Plur. in
proper form, are used in the Sing. collectively,
viz: *Mand*, speaking of soldiers, 10,000 Mand (not
Mænd); *Fod* as a measure is unchangeable in the
Plur.; also *Fisk*, fishes.

§ 20. Some words change their gender and
plur. according to their signification, as: *en Buk*,
a he-goat, pl. *Bukke*, *et Buk*, a bow, pl. id.; *en Frø*,
a frog, pl. *Frøer*, *et Frø*, seed, pl. id; or have the
same gender, but a different meaning and plural, as:
en Skat, pl. *Skatte*, treasures, and *Skatter*, taxes;
Vaaben, weapon, arms, pl. *Vaaben* and *Vaabner*,
devices on the shields.

§ 21. In compound words the plur. is gene-
rally given to the last part of the compound, as:
Herremand, Squire, Lord of a manor, *Herremænd*;

14

still there are some few exceptions: *Bondegaard,*
farm, *Bondepige,* peasant-girl, take *Bøndergaarde,*
Bønderpiger; *Barnepige,* nursery-maid, has *Barne-*
piger, but *Barnebarn,* grand-child, has *Börnebörn.*

§ 22. The compounding of Nouns substantive
in Danish is effected in four different manners,
for:

either both of the compounded words are un-
changed, as: *Kirkegaard,* churchyard; or the first
word rejects the final vowel, |as: *Greve, Grevskab,*
Count's estate, county; or it adds the vowel *e,* as:
Barn, child, *Barnedaab,* christening, or finally, the
first word is used in the Gen. as: *Lund,* country,
Landsby, village.

When the first part of the compounded word
is *a verb,* sometimes an *r* is added, as: *Giftermaal,*
marriage; *Bagerovn,* baker's oven.

Adjectives. *(Egenskabsord.)*

The Adjectives have like the Nouns two gen-
ders and two numbers; most of them also a defi-
nite and an indefinite form.

§ 23. The neuter gender is formed of the
common in adding a *t,* as *god,* good, *godt; smuk,*
handsome, fine, *smukt;* as: *en god Mand,* a good
man; *et godt Barn,* a good child.

The exceptions are adjectives terminating
in *e, o, u,* and *y* which remain unchanged, as: *en*
lille Dreng, a little boy; *et lille Barn,* a little child;
Hesten er sky, the horse is shy; *Faaret er sky,* the
sheep is shy. But *ny* takes *nyt.*

In the indefinite form only, they add a t; but
the definite form always terminates in *e* or in any
of the above named letters, and does not change
according to gender or number.

The words *megen, liden, egen* and participles
in *en* are irregular, rejecting the *n* before the neuter
t, viz: *meget, lidet, eget, bundet.*

§ 24. In the pl. the adjectives always take an *e*, whether the form be def. or indef.; ending in *el, er, en*, they reject the vowel before the *l, n, r*, in the def. form as also in the pl. as: *gammel*, old, *den gamle Mand, de gamle Mænd.* Adjectives terminating in *et*, change this termination in *ede* in the plur., as: *stribet*, striped, *stribede*; *elsket*, beloved, *elskede.*

§ 25. Adjectives correspond in gender and in number with the Noun to which they belong. When used absolutely, that is, without or instead of Nouns, they take the usual termination and can be described by other Adjectives, as: *den velgjørende Rige*, the benevolent rich man.

The declension of Adjectives.
(Egenskabsordenes Bøjningsmaade.)

With the definite article.

		common gender.	neuter gender.
Sing.	Nom.:	*den god-e Mand.*	*det god-e Barn.*
	Gen.:	*den god-e Mands.*	*det god-e Barns.*
Plur.	Nom.:	*de god-e Mænd.*	*de god-e Börn.*
	Gen.:	*de god-e Mænds.*	*de god-e Börns.*

With the indefinite article.

		common gender.	neuter gender.
Sing.	Nom.:	*en stor Have.*	*et stor-t Træ.*
	Gen.:	*en stor Haves.*	*et stort Træes.*
Plur.	Nom.:	*stor-e Haver.*	*stor-e Træer.*
	Gen.:	*stor-e Havers.*	*stor-e Træers.*

Of the degrees of comparison.
(Om Sammenligningsgraderne.)

The *positive degree, den første Grad*, is the Adjective itself, as: *glad*, happy; *rig*, rich.

The *Comparative*, *den anden* eller *höjere Grad*
is expressed in Danish by adding *re* or *ere*: *glad,
glad-ere*; *rig, rig-ere.*

The *Superlative* expresses *den tredie* eller *höjeste
Grad* by adding *est* or *st*: *glad-est, rig-est.*

Adjectives ending in *el, en, er* drop the *e* be-
fore *l, n, r,* as: *munter,* cheerful, *muntrere, mun-
trest*; *ædel,* noble, *ædlere, ædlest.*

§ 26. Those in *ig, lig* and *som* only admit *st*
in the Superlative, although the Comparative takes
ere, as: *blodig,* bloody, *blodig-ere, blodig-st; ærlig,*
honest, *ærlig-ere, ærlig-st; virksom,* active, *virksom-
mere, virksom-st.*

Adjectives of *one syllable* double their final
consonant after a short vowel in the plur. and
the definite form, and also double the consonant in
the Comp. and in Superl., as: *smuk,* fine, handsome,
smuk-kere, smuk-kest; tryg, sure, *tryg-gere, tryg-gest.*

§ 27. If the inflection of the degree should
not sound well, the adjectives form their compa-
rative by placing *meer* (more) before the word,
and the Superl. by placing *mest* (most). Such Ad-
jectives are either *participial,* or *words of more syl-
lables,* or *compounds* or *national* adjectives, and adjec-
tives terminating in *sk, u, y,* some in *d, e* and *t.*
Examples: *elsket,* beloved, *meer, mest elsket; god-
gjørende,* charitable, *meer, mest godgjørende; dansk,*
Danish, *meer, mest dansk; krigersk,* warlike, *meer,
mest krigersk; bly,* bashful, *meer, mest bly; fremmed,*
strange, *meer, mest fremmed.*

§ 28. A diminution or inferiority of degree
having no appropriate termination, is expressed by
the adverbs *mindre,* less, and *mindst,* least; as:
skelöjet, squinting, *mindre, mindst skelöjet; hvid,*
white, *mindre, mindst hvid.*

§ 29. The third degree is sometimes inten-
sified by the addition of *aller: allerførst,* the very
first.

The Superlative indef. rejects the *e* when it is used after the Noun subst., as: *disse Drenge ere storst*, these boys are the tallest.

§ 30. Some adjectives change their vowels in the Compar. and the Superl.; this is in the Danish language called: *have Omlyd*. Such words are:

Positive.	Comparative.	Superlative.
stor, great, large,	*större*,	*störst*.
lang, long,	*længere*,	*længst*.
ung, young,	*yngre*,	*yngst*.
faa, few,	*færre*,	*færrest*.
megen -t, much,	*mere*,	*mest*.

Some others express the degrees by different words, as:

god, good,	*bedre*,	*bedst*.
ond, bad, evil,	*værre*,	*værst*.
gammel, old,	*ældre*,	*ældst*.
lille, small,	*mindre*,	*mindst*.
mange, many,	*flere*,	*flest*.

§ 31. Some adjectives are defective in their degrees, as: *nordre, i nordligere Lande*, northern; *østre, i østligere Lande*, eastern, *søndre*, southern, *vestre*, western, *heel*, whole, entire, and *enkelt*, single, are used only in the positive degree.

Defective in the Positive are *indre* (in), *ydre* (out), *øvre* (over), *nedre* (nether).

Superlatives used exclusively as such are: *forrest, forst (for — fore)*; *bagest* from *bag*, behind; *sidst* from *siden*, afterwards; *eneste* from *een*, only, alone; *midterst* from *midt*, amid; *mellemst* from *mellem*, between; *ypperst* from *oppe*, above; *næst, nærest* from *nær*, nigh.

The plural of the adjective *lille*, small, little one, is *smaa*; *et lille Barn*, a little child; pl. *smaa Børn*, little children.

Numerals (Talord).

The numerals, *Talordene*, are, *Hovedtal* og *Ordenstal*, Cardinals and Ordinals.

The name of the cardinal numbers are:

een	1	sexten	16
to	2	sytten	17
tre	3	atten	19
fire	4	nitten	19
fem	5	tyve	20
sex	6	tredive	30
syv	7	fyrretyve	40
otte	8	halvtresindstyve	50
ni	9	tresindstyve	60
ti	10	halvfjersindstyve	70
elleve	11	firsindstyve	80
tolv	12	halvfemsindstyve	90
tretten	13	hundrede	100
fjorten	14	tusinde	1000
femten	15		

fem og tyve, 25, syv og tredive, 37, fire og fyrretyve, 44, hundrede, otte og halvtresindstyve, 158, trehundrede, ni og firsindstyve, 389, ottehundrede og fire, 804, sextusinde, sexhundrede, sex og tyve, 6,626.

In common life *50, 60, 70, 80, 90* are abridged by speech, omitting *indstyve*, as: *halvtres* instead of *halvtresindstyve* etc. *Sinds* is an old Danish word signifying *Gange*, times, as: *tresindstyve*, 60, *three times twenty*.

But if a Noun follows the numeral, the syllables *indstyve* must be added, as: 90 scholars, *halvfemsindstyve Elever*, not *halvfems Elever*.

§ 32. The words *hundred, thousand*, being originally Nouns substantive, are sometimes written with a capital letter, and never change as Ordinals.

A *million*, a *billion* etc. are substantives and constantly used as such, as well as the following numeral Nouns: *et Par*, a couple, pair; *en Snees*,

a score; *en Skok,* a threescore; *en Ol,* a fourscore;
et Dusin, a dozen; *et Gros,* a gross; *et Deger,* a
dicker.

There are no numeral adverbs in Danish like
once, twice, thrice; these words are to be translated
with: *een Gang, to Gange, tre Gange.*

Some numeral adjectives are styled multipli-
catives, as: *enkelt,* single, simple; *dobbelt,* double;
tredobbelt, triple, treble; *firdobbelt,* fourfold.

The fractions are thus expressed: $\frac{1}{2}$, *en halv;*
$1\frac{1}{2}$, *halvanden;* $2\frac{1}{2}$, *halvtredie, to og en halv;* $3\frac{1}{2}$,
halvfjerde, tre og en halv; $\frac{1}{3}$, *en Trediedeel;* $\frac{2}{3}$, *to
Trediedele;* $\frac{3}{4}$, *tre Fjerdedele.*

The cardinals 2 and 3 are also called *tvende,
trende,* and there are two old forms of *to,* viz: *tve,*
hence the word *Tvekamp,* duel, and *tu,* as: *itu,*
broken, in pieces.

§ 33. The Ordinals are formed of the cardi-
nals by adding *de, te, nde* or *ende; irregular are
den første, the first, *den anden,* the second, *den
tredie,* the third, *den fjerde,* the fourth, *den sjette,*
the sixth.

Ordinal numbers *(Ordenstallene).*

den første	the	1st	den fjortende	the	14th
— anden	—	2d	— femtende	—	15th
— tredie	—	3a	— sextende	—	16th
— fjerde	—	4th	— syttende	—	17th
— femte	—	5th	— attende	—	18th
— sjette	—	6th	— nittende	—	19th
— syvende	—	7th	— tyvende	—	20th
— ottende	—	8th	— een og ty-		
— niende	—	9th	vende	—	21th
— tiende	—	10th	— tredivte	—	30th
— ellevte	—	11th	— fyrretyvende	—	40th
— tolvte	—	12th	— ni og halvfjer-		
— trettende	—	13th	sindstyvende	—	79th

and so on.

2*

The pronouns (*Stedordene*)

are divided into the following 6 classes: 1) the personal pronouns, *de personlige Stedord*; 2) the possessive pr., *Ejestedordene*; 3) the demonstrative pr., *de paapegende*; 4) the relative, *de henvisende*; 5) the interrogative, *de spörgende* and 6) the indefinite, *de ubestemte.*

Pronouns are either used as substantives or as adjectives. Some pr. *subst.* have three cases: *Nævneform* (Nom.), *Ejeform* (Gen.) and *Afhængighedsform* (Dat. and Acc.); sometimes they are defective in the Genitive.

Personal pronouns. *(De personlige Stedord.)*

First person.

Singular.		Plural.	
Nom.	*jeg,* I	Nom.	*vi,* we
Gen.	. . . . . .	Gen.	. . . . .
Dat. }		Dat. }	
Acc. }	*mig,* me	Acc. }	*ós,* us.

Second person.

Singular.		Plural.	
Nom.	*Du,* thou	Nom.	*I,* You, ye
Gen.	. . . .	Gen.	*(Eders)* Yours
Dat. }		Dat. }	
Acc. }	*Dig,* thee	Acc. }	*Ēder (jer)* You.

Third person.

Masc.		Fem.	
Nom.	*han,* he	Nom.	*hun,* she
Gen.	*hans,* his	Gen.	*hendes,* hers
Dat. }		Dat. }	
Acc. }	*ham, sig* him	Acc. }	*hende, sig,* her.

For things or animals, both gender.

Nom.	*den, det,*	it
Gen.	*dens, dets,*	its
Dat. }		
Acc. }	*den, det,*	it.

Plural.

Nom.	*de,*	they
Gen.	*deres,*	theirs
Dat. }		
Acc. }	*dem, sig,*	them.

21

§ 29. *Sig* is always reflective and should be carefully distinguished from *ham* or *dem*, as: *de klæde sig paa*, they dress (themselves) *de klæde dem paa*, they dress somebody, f. inst: the children.

§ 30. The pronoun *De*, you, when applied to a single person, is always written with a capital letter and construed with the Sing. number of the verb, as: *gaaer De i Kirke idag?* will You go to church to-day? In Acc. is used *Dem*, never *sig*.

§ 31. *Selv*, self, is used to make the pronoun more expressive, as: *jeg har selv seet det*, I have seen it myself; but *selv* is never added to the Gen. *Egen, eget* is a sort of reciprocal possessive, used as reciprocal personal.

§ 32. *Hinanden* and *hverandre*, each other and one another, are to be classed among the personal pronouns. They are used for all three persons, *hinanden*, speaking of two, *hverandre*, speaking of more persons.

The possessive pronouns *(Ejestedordene)* are adjectives and may be considered as making up for the defective Gen. of *the pers. pronouns.*

	Singular.		Plural.
	com. gend.	neut. gend.	for both gender.
1ˢᵗ person	*min, vor*	*mit, vort*	*mine, vore*
2ᵈ person	*din, (jer)*	*dit, (jert)*	*dine, (jere)*
3ᵈ person	*sin,*	*sit,*	*sine,*

Min, mine is used of things belonging to *one* person; *vor, vore*, if they belong to *two or more*.

Din, dit, dine and *sin, sit, sine* have reference only to one possessing person. In plur. the reflex is *deres*.

Jer, jert, jere is only used in the colloquial popular language.

The demonstrative pronouns
(De paapegende Stedord)
are: *den, det, denne, dette, hiin, hiint, samme, selv, slig, saadan. Den* and *det* (this one) have for plur.

de; denne and *dette* (this) take *disse. Hiin* and *hiint* (that one) have *hine* in the plural. *Samme* is unchangeable as well as *selv. Begge* (both) has no sing.; *slig* (such one) has *sligt* in the neuter and *slige* in the plur.; *saadan* (such a one) has *saadant* and *saadanne.*

§ 33. In connection with a subst. *den* and *det* are declined like the def. article of the adjective, but used demonstratively *they have an emphasis.*

The relative pronouns.
(De henvisende eller tilbagevisende Stedord.)

Som, der, hvo or *hvem, hvilken, hvad* (who, which, that).

Som, who, which is used for both genders and for both numbers; *der,* who, which, is also without distinction of gender or number, but it can only be used in the Nominative. *Hvo, hvem* is only used of persons, *hvad* of things. The Gen. for all relative pr. is *hvis,* viz:

Nom. *som, der, hvo* or *hvem, hvilken, hvad,*
Gen. *hvis,*
Dat. }
Acc. } *som,*   *hvem, hvilken, hvad.*

§ 34. *Hvilken, hvilket, hvilke* are used adjectively as well as substantively; *hvilken* always refers to a sentence, never to a single word. *Hun gaaer nu atter i Kirke hver Søndag, hvilket er meget glædeligt.* Now she goes to church again every Sunday, and that is very fortunate.

Interrogative pronouns. *(Spörgende Stedord.)*

Interrogative as well as relative are: *hvo* or *hvem, hvad, hvilken, hvilket, hvilke.* They are declined in the same manner. *Hvis* is the only Gen. for both numbers.

Compound words belonging to the interrogative pronouns are: *hvosomhelst, hvadsomhelst, hvilkensomhelst* (whoever, whosoever, whatever, whatsoever); besides *hvordan,* how.

Indefinite pronouns. *(Ubestemte Stedord.)*

Com. gend.	neut. gend.	plur.
Man, one, they, (only in Nom.)		
En, one,	*Et.*	
Nogen, some one,	*Noget*,	*Nogle.*
Ingen, none, nobody,	*Intet.*	
Anden, another, somebody else,	*Andet*,	*Andre.*
Hver, Enhver, every, every one,	*Hvert, Ethvert.*	
Somme, some.		
Al, all,	*Alt*,	*Alle.*

§ 35. *Det* and *der*, the first a demonstrative pron.; the second an adverb not accentuated, are used as indefinite pron., as: *det regner*, it rains; *der siges*, it is said.

The verbs. *(Udsagnsord.)*

The verbs have two voices, *Former*, an active, *en handlende*, and a passive, *en lidende*. The latter is formed by adding *s* to the Inf. pres. of the active; it has no distinction of numbers and persons, but merely of tenses and moods.

§ 36. The active verbs are either transitive or intransitive, *indvirkende* or *uvirkende*.

To the transitive verbs belong the relative, *de tilbagevirkende*, which in Danish are followed by the object. cases of the pronoun, as: *jeg glæder mig*, I rejoice myself; *han græmmer sig*, he grieves. To the intransitive verbs belong the reciprocal, *gjensidesvirkende*, as: *de kappes*, they emulate; *de trættes*, they quarrel.

§ 37. Deponent verbs, *lideformede Udsagnsord* are those which have an active signification with a passive termination. They are only used in the Present, *Nutiden,* the Imperfect, *Datiden,* the Future, *Fremtiden,* and the Future cond. *Førfremtiden,* as: *at færdes,* to travel, to move. *Jeg færdes, jeg færdedes, jeg skal færdes, jeg skulde færdes.*

§ 38. The verbs have four moods, *Maader.*
The Infinitive, *Navnemaaden, at leve,* to live,
the Indicative, *den fremsættende Maade, jeg lever,* I live,
the Imperative, *den bydende Maade, lev!* live!
the Optative, *den ønskende Maade, Kongen leve!*
                         Long live the King!

The persons, *Personerne,* are only distinguished by the pronouns, never by peculiar terminations. In the plur. number of the Pres. Ind. act. they reject the *r,* added to the Sing. of verbs, as: *jeg elsker,* I love, *vi elske,* we love.

The Indicative has three tenses, *Tider;* the Present, *Nutiden,* the Past, *Datiden,* the Future, *Fremtiden.*

The Present is only one; *jeg elsker,* I love.
The Past may be:
the Imperf. *Datid, jeg elskede,* I loved,
the Perfect. *Förnutid, jeg har elsket,* I have loved,
the Pluperf. *Fördatid, jeg havde elsket,* I had loved.
The Future is either:
    first Future, *Fremtid, jeg skal elske,* I shall love,
or second Future, *Förfremtid, jeg skal have* eller
    faaer elsket, I shall have loved.

§ 39. To the Present belong the Optative and the Imperative as: *han elske,* may he love; *elsk!* love!

The Pres. is often used for the Future in the Danish language, as: *jeg kommer ved Juletide,* I shall come at Christmas-time; *jeg rejser snart udenlands,* I shall soon go abroad.

Pres. and Imperf. only, *Nutid* and *Datid,* are

formed by the root of the verb; the other tenses
by connection with

the auxiliary verbs *(Hjælpeudsagnsordene).*

The most important auxiliary verbs in Danish are:
have, to have, *være,* to be, *skulle,* to shall, *ville,* to
will, *faae,* to get, *blive,* to become.

§ 40. *Have* and *være* serve to express the
past tenses; the first is used with the **active verbs**
and some intransitive, the last with all the **passive**
and several intransitive.

Skulle and *ville* denote the futurity or inten-
tion; the first implies generally a duty on the part
of the person, the last a mere futurity, as: *jeg skal
skrive,* I am obliged to write; *jeg vil skrive,* I am
determined to, I must, write.

Faae, united to the past participle expresses
the English **shall have,** as: *naar jeg faaer skre-
vet,* when I shall have written.

Blive, become, be, is often used in a periphra-
sis of the passive, as: *hun bliver elsket* or *hun elskes,*
she is loved.

§ 41. The participles, *Tillægsformen,* are two as
in other languages, an **active** and a **passive.**
The active or present participle must often be ren-
dered in Danish by the Infinitive, as: She was
astonished at seeing, *hun blev forbavset ved at see.*

The conjugation of the auxiliary verbs.
(Hjælpeudsagnsordenes Böjning.)
At *have,* to have.
Indicative, *den fremsættende Maade.*
Sing.

Pres. *(Nutid) har.*
Imperf. *(Datid) havde.*
Perf. *(Förnutid) har havt.*
Pluperf. *(Fördatid) havde havt.*
1st Fut. *(Fremtid) vil, skal have.*
2d Fut. *(Förfremtid) vil, skal have havt.*

Plur.

Pres. *(Nutid) have* (have).
Imperf. *(Datid) havde* (had).
Perf. *(Förnutid) have havt* (have had).
Pluperf. *(Fördatid) havde havt* (had had).
1ˢᵗ Fut. *(Fremtid) ville, skulle have* (shall have).
2ᵈ Fut. *(Förfremtid) ville, skulle have havt* (shall
have had).

Optative, *den ønskende Maade,*
have, *have havt* (have, have had).

Imperative, *den bydende Maade,*
hav, *have!* (have).

Infinitive, *Navnemaaden,*
at have, to have, *at have havt, at skulle have, at
skulle have havt.*

Participles, *Tillægsmaaden,*
Pres. *havende,* having. Part. *havt,* had.

At være, to be.

Indicative, *den fremsættende Maade.*
Sing.

Pres. *(Nutid) er.*
Imperf. *(Datid) var.*
Perf. *(Förnutid) har været.*
Pluperf. *(Fördatid) havde været.*
1ˢᵗ Fut. *(Fremtid) skal være.*
2ᵈ Fut. *(Förfremtid) vil, skal have været* eller *faaer*
været.

Plur.

Pres. *(Nutid) ere* (are).
Imperf. *(Datid) vare* (were).
Perf. *(Förnutid) have været* (have been).
Pluperf. *(Fördatid) havde været* (had been).
1ˢᵗ Fut. *(Fremtid) skulle være* (shall be).
2ᵈ Fut. *(Förfremtid) ville, skulle have været* eller *faae*
været (shall have been).

Optative, *den ønskende Maade,*
være, *have været* (been, have been).

Imperative, *den bydende Maade,*
vær! værer (be!)
Infinitive, *Navnemaaden,*
at være, to be, *at have været,* to have been, *at skulle være,* to be about to be, *at skulle have været,* to have been about to be.

At skulle, to be obliged to.
Indicative, *den fremsættende Maade,*
Sing.
Pres. *(Nutid)* skal.
Imperf. *(Datid) skulde.*
Perf. *(Förnutid) har skullet.*
Pluperf. *(Fördatid) havde skullet.*
1st Fut. *(Fremtid)* . . . .
2d Fut. *(Förfremtid)* . . . .
Plur.
Pres. *(Nutid) skulle* (shall).
Imperf. *(Datid) skulde* (should).
Perf. *(Förnutid) have skullet* (have been obliged to).
Pluperf. *(Fördatid) havde skullet* (had been obliged to).
1st Fut. *(Fremtid)* . . . .
2d Fut. *(Förfremtid)* . . . .
Optative, *den önskende Maade,*
Imperative, *den bydende Maade,*
Infinitive, *Navnemaaden,*
at skulle,   *at have skullet.*
to be obliged to,   to have been obliged to.

At ville, to be willing.
Indicative, *den fremsættende Maade,*
Sing.
Pres. *(Nutid) vil.*
Imperf. *(Datid) vilde.*
Perf. *(Förnutid) har villet.*
Pluperf. *(Fördatid) havde villet.*
1st Fut. *(Fremtid) skal ville.*
2d Fut. *(Förfremtid) skal have villet.*

Plur.

Pres. *(Nutid) ville* (will).
Imperf. *(Datid) vilde* (would).
Perf. *(Förnutid) have villet* (have been willing).
Pluperf. *(Fördatid) havde villet* (had been willing).
1ˢᵗ Fut. *(Fremtid) skulle ville*   —   —
2ᵈ Fut. *(Förfremtid) skulle have villet*   —
         Optative, *den ønskende Maade,*
        Imperative, *den bydende Maade,*
          Infinitive, *Navnemaaden,*
   at ville,   *at have villet.*
   to be willing,   to have been willing.

Faae and *blive*, to get and to become, will be found amongst the irregular verbs, to which they belong.

The conjugation of the verbs.
(Udsagnsordenes Böjningsmaade.)

The Danish verbs may be divided into two orders or conjugations, the one more simple and regular, the other absolutely irregular.

§ 41. The first is subdivided into three classes, according to the formation of the past tense *(Datiden)* of the Ind. active. The past participle ends in *t* in all three classes.

Words of the 1ˢᵗ subclass are trisyllabics in the past, terminating in *ede*, as: *at elske*, to love, — *elskede*.

Those of the 2ᵈ are dissyllabics, terminating in *de* or *te*, as: *at tænke*, to think, — *tænkte*.

The 3ᵈ also has dissyllabics with the same terminations as the second, but the vowel is changed in the radical syllable, as: *at kvæle*, to suffocate, — *kvalte*.

§ 42. In the second conjugation the past time is always monosyllabic, usually changing the vowel, as: *at sidde*, to sit down, — *sad; at finde*, to find, — *fandt; at lee*, to laugh, — *lo.*

The participle past of this conjugation sometimes forms the common gender in — *n*, the neuter in *t*, and the plural in — *ene*, when the verb is conjugated with to be, *at være*, as: *at komme*, to arrive, — *kommen*, *kommet*, *komne*. *Manden er kommen*, the man is arrived; *Barnet er kommet*, the child is arrived; *Manden og Barnet ere komne*, the man and the child are arrived.

§ 43. Some verbs of this order form the past tense alike in the Sing. and in the Plur., as: *at sove*, to sleep; *jeg sov*, I slept; *vi sov*, we slept; and some other take an *e* in the plural, as: *at tage*, to take; *jeg tog*, I took; *vi toge*, we took. Some have the same vowel in the participle past as in the pres. of Indicative, as: *sidder*, sit, *sad*, *siddet*, some other as in the past tense, as: *griber*, seize, *greb*, *grebet*, and some a quite different as: *vinder*, win, *vandt*, *vundet*. Some few are quite regular: *græder*, weep, *græd*, *grædt*.

§ 44. Some intransitive verbs have the same derivation as the transitive, as:

intransitive,	transitive,
jeg ligger, laa, ligget, (lie down),	*lægger, lagde, lagt*, (to put, lay),
jeg sidder, sad, siddet, (sit down),	*sætter, satte, sat*, (to put, place).
jeg vaagner, vaagnede, vaag-net, (awake),	*vækker, vakte, vakt*, (wake),
jeg synker, sank, sunket, (sink, also trans. swal-low),	*sænker, sænkede, sænket*, (to sink a ship),
det ryger, røg, røget, (it smokes),	*røger, røgede, røget*. (to smoke).

§ 45. Some verbs are regular as transitives and irregular as intransitives, as: *at brække*, to break; *jeg brækker*, *brækkede*, *har brækket min Spadsere-stok* (cane). *Min Spadserestok brak*, *er brukken*; *jeg hænger*, *hængte*, *har hængt min Overfrakke i*

Klædeskabet (my great-coat in the wardrobe), *min Overfrakke hang der imorges* (this morning).

§ 46. Two auxiliaries are often connected with one principal verb, sometimes even with three, viz: *Du skulde have sagt*, You should have said; *det skulde have været gjort*, it should have been done.

The following sentences may serve to indicate some peculiarities of the Danish construction.

Jeg er ved at skrive,	I am writing.
jeg var ved at skrive,	I was writing.
jeg vil til at skrive,	I am going to write.
jeg vilde til at skrive,	I was going to write.
jeg skriver ikke,	I do not write.
jeg skrev ikke,	I did not write.
skriv dog endelig,	do, write.
skriv dog endelig ikke,	do not write.
jeg er færdig med at skrive,	I have done writing.
jeg var færdig med at skrive,	I had done writing.

Verbs belonging to the first conjugation.
(Udsagnsord, der høre til første Bøjningsmaade).

The first class with *trisyllabics* in the past, *de* added to the Inf. pres., and the past participle ending in *t*.

At *elske*, to love.

The active voice, *Handleform*.

Indicative, *den fremsættende Maade*.

Sing.

Pres. *(Nutid) elsker*.
Imperf. *(Datid) elskede*.
Perf. *(Förnutid) har elsket*.
Pluperf. *(Fördatid) havde elsket*.
1st Future *(Fremtid) vil, skal elske*.
2d Future *(Förfremtid) vil, skal have elsket* eller
faaer *elsket*.

Plur.

Pres. *(Nutid) elske.*
Imperf. *(Datid) elskede.*
Perf. *(Förnutid) have elsket.*
Pluperf. *(Fördatid) havde elsket.*
1st Fut. *(Fremtid) ville, skulle elske.*
2^d Fut. *(Förfremtid) ville, skulle have elsket* eller
faae elsket.

Optative, *den ønskende Maade.*
elske, love, *have elsket.*
Imperative, *den bydende Maade.*
elsk! elsker! love!
Infinitive, *Navnemaaden.*
at elske, at have elsket, at skulle elske, at skulle have
eller *faae elsket.*
Pres. *elskende,* loving, Part. *elsket,* loved.

The passive voice, *Lideformen.*
At elskes, to be loved.
Indicative, *den fremsættende Maade.*
Sing.
Pres. *(Nutid) elskes, bliver elsket.*
Imperf. *(Datid) elskedes, blev elsket.*
Perf. *(Förnutid) er elsket, er bleven elsket.*
Pluperf. *(Fördatid) var elsket, var bleven elsket.*
1st Fut. *(Fremtid) vil, skal elskes, bliver elsket.*
2^d Fut. *(Förfremtid) vil være elsket, bleven elsket.*
Plur.
Pres. *(Nutid) elskes, blive elskede.*
Imperf. *(Datid) elskedes, blive elskede.*
Perf. *(Förnutid) ere elskede, ere blevne elskede.*
Pluperf. *(Fördatid) vare elskede, vare blevne elskede.*
1st Fut. *(Fremtid) ville, skulle elskes, blive elskede.*
2^d Fut. *(Förfremtid) ville være elskede, blevne elskede.*

Infinitive, *Navnemaaden.*
Pres. *(Nutid) elskes,* to be loved.
Imperf. *(Datid) at have været* eller *være bleven elsket*
to have been loved.

Fut. *(Fremtid) at ville elskes*, to be about to be loved,
eller *skulle være bleven elsket*, to have been
about to be loved.
Participles, *Tillægsformen.*
Singular.: *elsket*, plural. *elskede*, loved.

Pres.	Imperf.	past. participle.
jeg ager, I drive,	agede,	aget.
— *agter*, respect, mind,	agtede,	agtet.
— *arver*, inherit,	arvede,	arvet.
— *blegner*, turn pale,	blegnede,	blegnet.
— *brygger*, brew,	bryggede,	brygget.
— *bygger*, built,	byggede,	bygget.
— *drypper*, drip,	dryppede,	dryppet.
— *fatter*, understand,	fattede,	fattet.
— *flagrer*, flutter,	flagrede,	flagret.
— *fletter*, plait,	flettede,	flettet.
— *fraadser*, gormandize,	fraadsede,	fraadset.
— *fægter*, fight,	fægtede,	fægtet.
— *galer*, crow,	galede,	galet.
— *grandsker*, research,	grandskede,	grandsket.
— *graver*, dig,	gravede,	gravet.
— *grunder*, meditate,	grundede,	grundet.
— *handler*, deal,	handlede,	handlet.
— *henter*, fetch,	hentede,	hentet.
— *hugger*, strike,	huggede,	hugget.
— *hverver*, enlist,	hvervede,	hvervet.
— *hviler*, repose,	hvilede,	hvilet.
— *hviner*, whine,	hvinede,	hvinet.
— *hæver*, raise,	hævede,	hævet.
— *kaster*, throw,	kastede,	kastet.
— *klager*, complain,	klagede,	klaget.
— *klatrer*, climb,	klatrede,	klatret.
— *klipper*, cut,	klippede,	klippet.
— *klynger*, cling,	klyngede,	klynget.
— *klæber*, adhere,	klæbede,	klæbet.
— *kløver*, cleave,	kløvede,	kløvet.
— *knurrer*, grumble,	knurrede,	knurret.

Pres.	Imperf.	past. participle.
jeg *kæmper*, struggle,	kæmpede,	kæmpet.
— *laaser*, lock,	laasede,	laaset.
— *lever*, live,	levede,	levet.
— *ligner*, resemble,	lignede,	lignet.
— *lugter*, smell,	lugtede,	lugtet.
— *lukker*, shut,	lukkede,	lukket.
— *lytter*, listen,	lyttede,	lyttet.
— *læsser*, load,	læssede,	læsset.
— *løfter*, lift,	løftede,	løftet.
— *malker*, milk,	malkede,	malket.
— *maler*, paint,	malede,	malet.
— *myrder*, kill,	myrdede,	myrdet.
— *naadler*, stitch,	naadlede,	naadlet.
— *nægter*, deny,	nægtede,	nægtet.
— *nærer*, maintain,	nærede,	næret.
— *nøler*, loiter,	nøledc,	nølet.
— *plager*, plague,	plagede,	plaget.
— *plejer*, nurse, am accustomed to,	plejede,	plejet.
— *plukker*, pluck,	plukkede,	plukket.
— *plyndrer*, plunder,	plyndrede,	plyndret.
— *praler*, boast,	pralede,	pralet.
— *prikker*, prick, dot,	prikkede,	prikket.
— *prutter*, bargain,	pruttede,	pruttet.
— *puster*, blow,	pustede,	pustet.
— *rasler*, purl,	raslede,	raslet.
— *raver*, stagger,	ravede,	ravet.
— *retter*, straighten,	rettede,	rettet.
— *ringer*, ring,	ringede,	ringet.
— *rusker*, it drizzles,	ruskede,	rusket.
— *rødmer*, blush,	rødmede,	rødmet.
— *røver*, rob,	røvede,	røvet.
— *sandser*, mind,	sandsede,	sandset.
— *sejler*, sail,	sejlede,	sejlet.
— *skruer*, screw,	skruede,	skruet.
— *slukker*, extinguish,	slukkede,	slukket.
— *slynger*, sling,	slyngede,	slynget.

Pres.	Imperf.	part. participle.
jeg smelter, melt,	smeltede,	smeltet.
— *splitter*, split,	splittede,	splittet.
— *standser*, stop,	standsede,	standset.
— *stiller*, regulate,	stillede,	stillet.
— *stopper*, darn,	stoppede,	stoppet.
— *strander*, strand,	strandede,	strandet.
— *strikker*, knit,	strikkede,	strikket.
— *studser*, start,	studsede,	studset.
— *styrer*, govern,	styrede,	styret.
— *svier*, it smarts,	sviede,	sviet.
— *svinger*, swing,	svingede,	svinget.
— *svømmer*, swim,	svømmede,	svømmet.
— *takker*, thank,	takkede,	takket.
— *tegner*, draw,	tegnede,	tegnet.
— *traver*, trot,	travede,	travet.
— *triller*, roll,	trillede,	trillet.
— *troer*, believe,	troede,	troet.
— *trodser*, defy,	trodsede,	trodset.
— *truer*, threaten,	truede,	truet.
— *tumler*, thumble, manage,	tumlede,	tumlet.
— *tvætter*, wash,	tvættede,	tvættet.
— *vaagner*, awake,	vaagnede,	vaagnet.
— *vander*, water,	vandede,	vandet.
— *vadsker*, wash,	vadskede,	vadsket.
— *venter*, await,	ventede,	ventet.
— *vifter*, wave,	viftede,	viftet.
— *vover*, dare,	vovede,	vovet.
— *vralter*, waddle,	vraltede,	vraltet.
— *vrindsker*, neigh,	vrindskede,	vrindsket.
— *vugger*, rock,	vuggede,	vugget.
— *vælter*, overturn,	væltede,	væltet.

§ 47. The following verbs take *te* or *de* in the Imperfect and *t* in the Participle past, rejecting the final vowel *e* in the Infinitive.

Pres.	Imperf.	Part.
jeg bløder, I bleed,	blødte,	blødt.
— *bruger*, use,	brugte,	brugt.
— *brænder*, burn,	brændte,	brændt.

Pres.	Imperf.	Part.
jeg deler, divide,	delte (ede),	delet.
— *dræber*, kill,	dræbte,	dræbt.
— *fører*, carry,	førte,	ført.
— *gjemmer*, lay by,	gjemte,	gjemt.
— *glemmer*, forget,	glemte,	glemt.
— *hilser*, greet,	hilste,	hilst.
— *hænger*, hang,	hængte,	hængt.
— *hører*, hear,	hørte,	hørt,
— *kalder*, call,	kaldte,	kaldt, kaldet.
— *kjender*, know,	kjendte,	kjendt.
— *kjører*, drive,	kjørte,	kjørt.
— *leder*, guide,	ledte,	ledt.
— *leger*, play,	legte,	legt, leget.
— *lærer*, teach,	lærte,	lært.
— *læser*, read,	læste,	læst.
— *maa*, must,	maatte,	maattet.
— *maaler*, measure,	maalte,	maalt.
— *møder*, meet,	mødte,	mødt.
— *nøder*, constrain, oblige,	nødte,	nødt.
— *piner*, torture,	pinte,	pint.
— *priser*, praise,	priste,	prist.
— *raaber*, cry, call,	raabte,	raabt.
— *rejser*, journey,	rejste,	rejst.
— *rækker*, reach, hand,	rakte,	rakt.
— *sender*, send,	sendte,	sendt.
— *skaber*, create,	skabte,	skabt.
— *skiller*, separate,	skilte,	skilt.
— *skylder*, am indebted,	skyldte,	skyldt.
— *taaler*, bear with,	taalte,	taalt.
— *taber*, lose,	tabte,	tabt.
— *taler*, speak,	talte,	talt.
— *tjener*, serve,	tjente,	tjent.
— *trænger*, want, am in need of,	trængte,	trængt.
— *tænder*, light,	tændte,	tændt.
— *tænker*, think,	tænkte,	tænkt.
— *viser*, show,	viste,	viist.
— *voxer*, grow,	voxte,	voxen, et, ne.

§ 48. Verbs of the 3ᵈ subclass have the same terminations as those of the second, but *the vowel is changed* in the radical syllable, as:

Pres.	Imperf.	P. part.
jeg bringer, bring,	bragte,	bragt.
— *bør*, ought,	burde,	burdet.
— *dølger*, conceal,	dulgte,	dulgt.
— *følger*, follow,	fulgte,	fulgt.
— *gjør*, do,	gjorde,	gjort.
— *kan*, can,	kunde,	kunnet.
— *kvæler*, suffocate,	kvalte,	kvalt.
— *lægger*, lay,	lagde,	lagt.
— *rækker*, reach, hand,	rakte,	rakt.
— *siger*, say,	sagde,	sagt.
— *spørger*, ask,	spurgte,	spurgt.
— *strækker*, stretch,	strakte,	strakt.
— *sælger*, sell,	solgte,	solgt.
— *træder*, tread, step,	traadte,	traadt.
— *tør*, dare,	turde,	turdet.
— *tæller*, count, number,	talte,	talt.
— *veed*, know,	vidste,	vidst.
— *vækker*, awake,	vakte eller vækkede,	vakt eller vækket.
— *vælger*, choose, elect,	valgte,	valgt.

§ 49. The second conjugation is always *mono-syllabic* in the past tense *(Datiden)*, and the vowels are then either *a, e, o* or *ø*. Most of the verbs belonging to this conjugation have the same form in the Imperf. plur. as in the Imperf. sing., but some — which will be found marked in the subjoined list — take an *e* in the Imperf. plur. and form the common gender in *n*, the neuter in *t* and the plural. in *ne*.

Pres.	Imperf.	P. part.
jeg beder, I beg,	bad, (e),	bedet, bedt.
— *binder*, bind,	bandt,	bunden, -et, -ne.
— *brister*, burst,	brast,	brusten, -et, -ne.

Pres.	Imperf.	P. part.
jeg brækker,) break,	brak,	brukken, -et, -ne.
— *bærer,* carry,	bar,	baaren, -et, -ne.
— *drikker,* drink,	drak,	drukken, -et, -ne.
— *falder,* fall,	faldt,	falden, -et, -ne.
— *finder,* find,	fandt,	funden, -et, -ne.
— *gider,* may,	gad,	gidet, gidt.
— *giver,* give,	gav,	given, -et, -ne.
— *gjælder,* to be worth, to go for,	gjaldt,	gjældt.
— *græder,* weep,	græd,	grædt.
— *hjælper,* assist,	hjalp,	hjulpen, -et, -ne.
— *hænger,*) hang,	hang,	hængt, -e.
det klinger, it sounds,	klang,	klinget.
jeg knækker,) crack,	knak,	knækket, -ede.
— *kvæder,* sing,	kvad, (e),	kvædet, -ede.
— *rinder,* it runs,	randt,	runden, -et -ne.
— *sidder,* sit,	sad,	siddet.
— *skærer,* cut,	skar, (e),	skaaren, -et, -ne.
— *slipper,* let go, escape,	slap,	sluppen, -et, -ne.
— *spinder,* spin.	spandt,	spunden, -et, -ne.
— *springer,* spring,	sprang,	sprungen, -et, -ne.
— *sprækker,* burst,	sprak,	sprukken, -et, -ne.
— *stikker,* sting, pierce,	stak,	stukken, -et, -ne.
— *stinker,* smell,	stank,	stinket.
— *stjæler,* steal,	stjal,	stjaalen, -et, -ne.
— *svinder,* vanish,	svandt,	svunden, -et, -ne.
— *synger,* sing,	sang,	sungen, -et, -ne.
— *synker,* sink,	sank,	sunken, -et, -ne.
— *tier,* am silent,	tav,	tiet.
— *træffer,* hit,	traf,	truffen, -et, -ne.
— *tvinder,* twine,	tvandt,	tvunden, -et, -ne.
— *tvinger,* force,	tvang,	tvungen, -et, -ne.
— *vinder,* win,	vandt,	vunden, -et, -ne.
— *ligger,* I lie, am in bed,	laa,	ligget.
— *seer,* see,	saae,	seet, sete.
— *æder,* eat,	aad,	ædt, -e.

*) signifies that they also may be used as transitives.

38

Pres.	Imperf.	P. part.
jeg bider, bite,	bed, (e),	bidt, -e.
— *bliver*, become.	blev, (e),	bleven, -et, -ne.
— *driver*, drive, urge,	drev, (e),	dreven, -et, -ne.
— *glider*, glide,	gled, (e),	gleden, -et, -ne.
— *gnider*, rub,	gned, (e),	gneden, -et, -ne.
— *griber*, grasp,	greb, (e),	greben, -et, -ne.
— *hedder*, am called,	hed,	hedt.
— *kniber*, pinch,	kneb, (e),	kneben, -et, -ne.
— *lider*, suffer,	led, (e),	lidt, -e.
— *piber*, whistle,	peb, (e),	peben, -et, -ne.
— *rider*, ride,	red, (e),	reden, -et, -ne.
— *river*, tear,	rev, (e),	reven, -et, -ne.
— *skrider*, proceed,	skred, (e),	skreden, -et, -ne.
— *skriger*, scream,	skreg, (e),	skregen, -et, -ne.
— *skriver*, write,	skrev, (e),	skreven, -et, -ne.
— *sliber*, grind,	sleb, (e),	sleben, -et, -ne.
— *slider*, toil, wear,	sled, (e),	slidt, -e,
— *smider*, throw,	smed, (e),	smidt, -e,
— *sniger*, sneak,	sneg, (e),	snegen, -et, -ne.
— *stiger*, ascend,	steg, (e),	stegen, -et, -ne.
— *strider*, strive,	stred, (e),	stridt, -e, (streden, -et, -ne.)
— *svider*, singe,	sved, (e),	sveden, -et -ne.
— *sviger*, defraud,	sveg, (e),	svegen, -et -ne.
— *triner*, step,	tren, (e),	trinet, -ede.
— *viger*, yield,	veg, (e),	vegen, -et, -ne.
— *vrider*, wring,	vred, (e),	vreden, -et, -ne.
— *faaer*, receive,	fik,	faaet.
— *gaaer*, go,	gik,	gaaet, -ede.
— *drager*, draw,	drog, (e),	dragen, -et, -ne.
— *farer*, rush, start up,	foer,	faren, -et, -ne.
— *holder*, hold,	holdt,	holdt, -e.
— *jager,*)* hunt, harry of,	jog, (e), jagede,	jagen, -et, -ne.

Pres.	Imperf.	P. part.
jeg kommer, come,	kom,	kommen, -et, -ne.
— *lader*, let,	lod, (e),	ladet.
— *leer*, laugh,	lo, (e),	leet.
— *slaaer*, beat,	slog, (e),	slaaet, -ede.
— *sover*, sleep,	sov,	sovet.
— *staaer*, stand,	stod, (e),	staaet, -ede.
— *tager*, take,	tog, (e),	tagen, -et, -ne.
— *sværger*, swear,	svor, (e),	svoren, -et -ne.
— *bryder*, break,	brød, (e),	brudt, -e.
— *byder*, offer,	bød, (e),	buden, -et, -ne.
— *flyder*, flow,	flød, (e),	flydt, -e.
— *flyver*, fly,	fløj,	fløjen, -et, -ne.
— *fnyser*, chafe,	fnøs,	fnyst, fnyset.
— *fryser*, feel cold,	frøs, (e),	frussen, -et, -ne.
det fyger, it drifts,	føg,	føget.
jeg gyder, pour out,	gød, (e),	gydt, -e.
— *gyser*, shudder,	gøs, gyste,	gyst, gyset.
— *klyver*, climb,	kløv,	kløvet, -ede.
— *kryber*, creep,	krøb, (e),	krøben, et, -ne.
— *kyser*, frighten,	køs, kyste,	kyset, -ede.
det lyder, it sounds,	lød,	lydt, -e.
jeg lyver, lie,	løj,	løjet.
— *nyder*, enjoy,	nød, (e),	nydt, -e.
— *nyser*, sneeze,	nøs,	nyst, nyset.
— *ryger*, smoke,	røg, (e),	røget.
— *skryder*, bray,	skrød,	skrydt, skrydet.
— *snyder*, cheat, blow, snuff,	snød,	snydt.
— *stryger*, iron, stroke,	strøg,	strøgen, -et, -ne.

The impersonal verbs
(de upersonlige Tidsord)

take *det* or *der* before the verb; *det regner*, it rains; *der gives*, there are; *det er*, it is; *der er*, there are, is; *der siges*, they say.

§ 50. Several impersonal verbs can be used personally, as: *det fryser*, it freezes; *jeg fryser*,

I feel cold; *det blæser*, it blows; *jeg blæser paa Fløjte*, I play on the flute.

The Particles
(ubøjelige Ord)

are the *Adverbs*, the *Prepositions*, the *Conjunctions* and the *Interjections*. *Prep.*, *Conj.* and *Inter.* are not inflected.

Adverbs
(Biord).

§ 51. Adverbs derived from adjectives are generally like the neuter gender of the latter, as: *langsom*, slow, *langsomt*, slowly; *smuk*, beautiful, *smukt*, beautifully.

§ 52. Adjectives ending in *ig* are often used adverbially, sometimes adding *en* to the common gender, as: *højlig-en*, *kraftig-en*; this addition is however now rejected by several authors.

§ 53. Some adverbs are susceptible of comparison, when they derive from adjectives or take the forms of comparison from those words; as:

ilde, badly, *værre*, *værst*;
vel, well, *bedre*, *bedst*;
gjerne, willingly, *hellere*, *helst*;
tidt, often, *tiere*, *tiest*;
snart, soon, *snarere*, *snarest*.

Some adverbs may be described as:
1) Adverbs of place, *Stedsbiord:*

allevegne, everywhere,
andensteds, elsewhere,
bag, behind,
bort, borte, away, off, absent,
der, *derhenne*, there,
derfra, thence,
derhen, thither,
did, didhen, there, thither,
forbi, past, over,

frem, on, forth,
fremad, forward,
hen, henne, to, away,
henad, towards,
her, herhen, herhenne, here,
herhid, hither,
hid og did, hither & thither,
histhenne, yonder,
hjemad, homewards,

hjemme, at home,
hvorfra, whence,
hvorhen, where, whither,
hvor, where, how,
ind, in, into,
indad, inwards,
inde, within,
ingensteds, nowhere,
langt, far,
midt, amid,
ned, down,
nedad, downwards,
nede, n, below, beneath,
nogensteds, nowhere,
nær, near,

næstved, near to,
omkring, around,
op, oppe, up,
opad, upwards,
ovenover, above,
overalt, everywhere,
tilbage, backwards,
tilbords, sit down to dinner,
    supper,
ud, out,
ude, out of doors,
udenfor, outside,
udad, outward,
udentil, outside.

    Some as:

2) Adverbs of time, *Tidsbiord:*

aarle, early in the morning,
allerede, already,
aldrig, never,
altid, always,
atter, again,
betids, in time,
da, then,
derefter, afterwards,
dernæst, thereupon,
efter, after,
herefter, henceforth,
endnu, yet, still,
engang, once,
fordum, formerly,
før, before,
hyppig, frequently,
iaften, this evening,
idag, to-day,
imorgen, to-morrow,
imorges, this morning,
indtil, till,

iovermorgen, the day after
    to-morrow,
jevnlig, usually, frequently,
naar, when,
nu, now,
nylig, nys, lately, just now,
næsten, nearly,
om Dagen, in the day,
ved Nattetide, at night,
omtrent, about, nearly,
seent, silde, late,
længe siden, long ago,
sidenefter, afterwards,
snart, soon,
idelig, continually,
ifjor, last year,
iforgaars, the day before
    yesterday,
igaar, yesterday,
igjen, again,
strax, directly, at once,

stundom, } sometimes,	*tilforn,* formerly,
sommetider, }	*undertiden,* sometimes,
tillige, at the same time,	*umiddelbar,* immediately,
tidt, often,	*öjeblikkelig,* instantaneous.

Others as:

3) Adverbs of manner, connection and quality, *Forholds- og Maadesbiord:*

anderledes, otherwise,	*korsviis,* crosswise,
baglænds, backward,	*kortelig,* shortly,
bagvendt, awkward,	*langsomt,* slowly,
daarlig, foolishly,	*ligefrem,* plainly,
egenlig, properly,	*neppe,* scarcely,
ellers, else, otherwise,	*nogenlunde,* in some degree,
forgæves, in vain,	*nøje, nøjagtig,* distinctly,
gjerne, willingly,	*overalt,* everywhere, altoge-
hurtig, quickly,	ther,
hændelsesviis, accidentally,	*paatværs,* across,
höjlig, highly,	*saaledes,* so, thus,
höjt, aloud,	*saare,* very,
ilde, badly,	*sagte,* softly,
iløn, secretly,	*sikkerlig,* surely,
indbyrdes, amongst them-	*slet ikke,* not at all,
selves.	*tildeels,* partly,
indenlands, in the country,	*tilfældigviis,* by accident,
ingenlunde, by no means,	*udenlands,* abroad,
isærdeleshed, particularly,	*uforvarende,* unaware.
itu, in twain,	

Others again as expressing doubt, *Tvivl,* an interrogation, *et Spørgsmaal,* an affirmation, *en Stad-fæstelse,* a negation, *en Nægtelse,* and as Adverbs of number, *Talsbiord,* as:

hændelsesviis, peradventure,	*tilforladelig,* undoubtedly,
kun, only,	*nej!* no!
maaskee, perhaps,	*hvi, hvorfor?* why?
muligviis, possibly,	*hvorledes?* how,
tilfældigviis, perchance,	*hvi saa?* how so?
ganske vist, to be sure,	*hvorfor?* wherefore?
ydermere, besides,	*ja!* yes!

mon? whether?

ikke, not,

heller ikke, also not,

og saa videre, and so forth,

tifold, tenfold,

sneseviis, by the score,

hundredeviis, by the hundred.

§ 54. The adverbs of place: *hjem, om, bort, hen, op, ned, ud, ind,* always denote a movement towards a place, but when an *e* is added, the word signifies a repose, as:

    han vil gaae bort, he will go away,

    han er borte, he is away.

    vi gaae hjem, we go home,

    vi ere hjemme, we are at home.

The Prepositions.
(Forholdsord eller *Styrelsesord.)*

In the old Danish language the prepositions required either the Genitive, the Dative or the Accusative, a few instances of which still remain in the language, viz: *tilbords* (til Bords), *itide* (i Tide), *ihænde* (i Hænde) etc.

Some prepositions are simple, as:

ad, to,

af, of from,

bag, behind,

bi, by, with,

blandt, iblandt, between,

efter, after,

for, for, before,

fra, from,

gjennem, igjennem, through,

hos, by,

i, in,

inden, within,

langs med, along,

med, with,

mellem, } between,

imellem, }

mod, imod, towards, against,

om, about,

over, over,

paa, upon,

siden, since,

til, to,

trods, in spite of,

uden, without,

ved, by, with.

Some others are compound, as:

bagved, behind,

forbi, by, past,

foruden, besides,

forved, before,

44

henimod, against,
henved, about,
indeni, } within.
indenfor,
istedenfor, instead,
nedenfor, underneath,

ovenfor, above,
overfor, opposite,
tilligemed, at the same time with,
udaf, out,
udover, over.

§ 55. Some prepositions when compounded with verbs can only be placed before the verbs, as: *anmode*, to ask; some others may be used as well before the verb, compounded with it, or as a separate word after it, as: *frafalde*, to give up, *falde fra*.

§ 56. As the prepositions *inseparable from the verb* are mostly derived from the German language, Danish authors wishing to purify their native language, take care to avoid all germanisme, and consequently omit these particles when the euphony allows it. The most frequent of such prepositions are: *an*, *be*, *er*, *mis*, *for*, *ge*, *und*, and *veder*, as: *beskærme*, *fortie*.

§ 57. When the preposition *for* is placed before the verb, an *e* is added to it, as: *foregive*, to allege; *forekomme*, to prevent.

§ 58. The preposition *i* with the Genitive denotes *a past time*, as: *imorges*, this morning; with the other cases, a current or future time: *iaar*, this year, *imorgen*, to-morrow.

The Conjunctions.
(Bindeordene.)

Conjunctions are either copulative, *forbindende*, or disjunctive, *adskillende*.

The copulatives serve to connect or to continue a sentence by expressing an addition or a supposition; they indicate either a time, *en Tid* (temporal), *en Aarsag* (causal), *en Betingelse* (conditional), *en Indrømmelse* (concessive) or *en Sammenligning* (comparative).

The disjunctives serve not only to separate sentences but also to express opposition of meaning in different degrees.

Copulative are:

og, and, *at*, that, *baade*, both, *baade—og*, as well as, *saavel—som*, as well as, *endog*, even, *deels —deels*, partly—partly.

Disjunctive:

eller, or, *ikke*, not, *enten—eller*, either—or, whether—or, *ej heller*, also not, *hverken—eller*, neither nor, *endskjøndt*, although, *men*, but, *dog*, yet, *derimod*, *ellers*, otherwise.

Temporal:

da, then, *naar*, when, *efterat*, when, *før*, before, *dengang*, then, *medens*, during, whilst, *indtil*, till.

Causal:

da, as, *fordi*, because, *efterdi*, as, *eftersom*, since, because, *saasom*, because, for instance, *thi*, for, *naar*, if, *derfor*, therefore, *siden*, since.

Conditional:

dersom, om, if, *naar, hvis*, if, *saafremt*, provided that, *ifald*, if, in case, *nemlig*, namely, *følgelig*, consequently, *saa—at*, so—that.

Concessive:

skjøndt, though, *endskjøndt*, although, *omendskjøndt*, notwithstanding, *om*, if, *om end*, even if, *uagtet*, although.

Comparative:

end, than, as, *som, ligesom*, as alike, *jo—jo*, *jo—desto*, the more — the more, as—so, as—as, so—as.

Some words are used as adverbs as well as conjunctions, as: *da, dengang, før, siden*; but they are always more accentuated as adverbs, as: *siden jeg kom*, since I have been here; *jeg kommer siden*, by and by.

The Interjections *(Udraabsordene)*

are divided in the Danish, as in other languages, according to the different passions, which they serve to express. Expressions of wonder are: *ih! ha! oh! ha!* of pain: *av!* of grief: *ve! ak! desværre! o!* of contempt: *fy! eja!* of requesting silence: *st! tys!* of calling: *hm! hej! holla! hejda!* of astonishment: *oh! hoho! hillemænd!* of laughter and joy: *hahaha! hehehi! hejsa!*

PART III.

Of the Syntax.

The Construction. *(Ordstillingen.)*

The Danish language does not possess very many forms, but it is all the more *significant, precise* and *regular* in construction.

§ 59. The word on which the emphasis lies, is very often the *first* in the sentence, whether this be according to the adopted rules or not, as: *Ham har Du kunnet skuffe,* You have been able to deceive *him. Næste Aar rejser hun udenlands,* she intends to go abroad *next year. Aldrig skal jeg glemme Din Godhed,* I shall *never* forget your kindness.

The component parts of the sentence generally follow each other in this order; first the *primitive word* (Nominative) *Grundordet,* with the words belonging to it; then *the attribute, Omsagnet,* as: *Drengen sover,* the boy sleeps. If there is a person or a subject (the Dative or the Accusative) connected with the attribute, they are placed after the verb, the Dat. before the Accus., as: *han har givet mig Penge,* he has given me money.

§ 60. Words added to Nouns substantive or to words used as Nouns sub. in order to give

them some explanation or description, are placed
before the Noun. Such words may be *articles,
adjectives, pronouns* or *numbers*, as: *et Huus, mit
Huus, gode Huse, tre Huse.*

§ 61. Pronouns precede numbers, and num-
bers precede adjectives, if the Noun is enlarged
by several of these words, as: *mine tre flinke Søn-
ner,* my three clever sons; *disse to flittige Børn,*
these two industrious children.

§ 62. The Genitive *(Ejefaldet)* is always
placed *before* the thing or person possessed, as:
*Mandens Huus, Faderens Barn, den Mands Huus,
en Faders Barn, Mandens store Huus, Faderens fem
Børn.*

§ 63. The Noun which governs a Gen. is gene-
rally without any article; but sometimes the Gen.
is expressed by means of prepositions, not only
by *af,* but also by *til,* and then the word gover-
ning the Gen. takes the indef. article as: *en Søn
af Præsten, en Broder til Digteren.*

§ 64. Nouns added to other nouns in juxta-
position *(Hosstilling) precede these,* as: *Frederiks-
berg By* (By, town), *Kallehave Færgegaard (Færge-
gaard,* a ferryman's house).

Care must be taken not to confound the *juxta-
position* with the *apposition.* It is not at all diffi-
cult to distinguish between them, for the first can
be explained by a preposit: or a genitive, as: *Færge-
gaarden ved Kallehave,* the latter only by a sen-
tence, as: *Frederik VII, Konge af Danmark,* or
Frederik VII, som er Konge af Danmark.

§ 65. Words expressing a desire or wish are
usually at the head of the proposition, as: *gid hun
vilde komme,* I wish she would come; *blot han ikke
glemmer det,* if he will not forget it.

The conjunctions *(Bindeordene)* as well as
relative and interrogative words *(henvisende og
spörgende Ord)* are likewise placed first, because

they connect the sentence with the preceding sentence. Prepositions may however be put *before* the following words: *hvilken, hvem* and *hvad*, but never before *som*, as: *jeg veed ikke, om han lever*, I don't know, *if* he lives; *hvad Du end mener*, whatever you mean. *Til hvem hun end har sagt det.* To whom she even has told it.

§ 66. In compound tenses the auxiliary verb is put *before* the principal, as: *han har tilgivet ham*, he has forgiven him.

§ 67. Adverbs or prepositions with their Nouns subst. belonging to the attribute, are generally placed *between* the auxiliary and the principal verb, as: *jeg har længe været upasselig*, I have been ill a long time. But in subordinate sentences such words are placed *before* the attribute as: *jeg veed, at Du i lang Tid har været syg*, I know, that you have been ill for a long time. *Da jeg længe havde været ude*, as I had been out for a long time.

§ 68. The Noun is however placed *after the attribute* or, in compound tenses *after the auxiliary* verb,

a) when the subordinate sentence precedes the principal, as: *da Klokken slog 5, gik han*, he went away, when the clock struck 5; *hvad han nu vil gjøre, veed jeg ikke*, I don't know, what he will do now.

b) when the sentence is *interrogative, imperative* or *optative*, indicating some doubt or condition, or when, as before mentioned, the stress is laid upon the first word, as: *Naar rejser De til Danmark?* When will you go to Denmark? *Er han rejst?* Has he left? *Skriv Du Brevet selv!* Write the letter yourself; *vidste jeg det, vilde jeg være glad*, if I knew it, I should be happy.

c) in sentences indicating a quotation, as: *sagde han*, said he; „*men*", *svarede jeg*, I answered.

d) after the unaccented particle *der*: *der kom en Mand hen til mig*, a man approached me.

Further observations on some parts of speech.
(Yderligere Bemærkninger om nogle Taledele.)

§ 69. The indefinite article is placed before the adjective enlarging the Noun, as: *en god Mand*; but the words *hver, saadan, slig, for, altfor* and *saa* can be placed *before* the article as well as *after* it, as: *altfor stor en Fare* or *en altfor stor Fare; en saa rig Mand* or *saa rig en Mand*. *Mangen, hvordan, hvilken* and *hvor* however only *precede* the article, as: *mangen en Mand, hvor stor en Fare*.

§ 70. The *last part* of compounded words generally expresses the chief idea described by the preceding part, and this part is often *a verb in the infinitive* or *an adjective*, as: *en Læsestue, en Bondekarl, en Nybygger* (a settler).

§ 71. Words indicating *a measure, a degree, a value* or *a weight* are placed *before* the adjectives and adverbs enlarged, as: *tre Alen lang, en Time tidligere;* but belonging to a verb they follow: *han gik tre Miil; hun kjøbte fem Alen.*

§ 72. The pron. pers. *De* when applied to a single person is construed with the sing. number of the verb: *læser De?*

§ 73. When speaking of *Menneske* as an *individual*, the pron. *han* or *hun* is applied; but when the word signifies *mankind* it takes *det*, as: *det Menneske viser, at h a n er uforsagt; Mennesket veed, at d e t er skabt i Guds Billede.*

§ 74. Prepositions with their nouns are generally placed after the adjective or participle they explain, as: *begjærlig efter Ære;* but if the word is preceded by an *article, a gen.,* a *pron.* or *a number,* the Noun subst. and the prep. also may be

4

50

put before the word, as: *en efter Ære begjærlig Mand, det til Kongen sendte Brev*.

§ 75. After Nouns of measure, weight etc. the prep. is entirely omitted, as: *en Mængde Mennesker, en Skæppe Æbler*; but when the name of the thing measured is definite, the prep. *af* must be added, as: *en Skæppe af de bedste Æbler*.

§ 76. Adverbs are generally put after the verbs, as: *det betyder egenlig, han veed desuden ikke*.

§ 77. Words terminating with a consonant, preceded by a short vowel, double theconsonant *when a vowel follows*, but a consonant is not doubled before a consonant, therefore *Datter*, but *Døtre; klatte*, but *klatret*.

§ 78. The ſ is applied in the beginning, the *s* at the end of the syllable.

Punctuation.
(Skilletegnene.)

Punctuation is the art of dividing a written composition into sentences or parts of sentences, as the sense and an accurate pronunciation may require.

The points are either marking the pauses *(Opholdstegn)*, or denoting the modulation of the voice *(Tonetegn)*.

The points which mark the pauses are the *Comma*, *Sætningstegn*, representing the shortest pause; the *Semicolon*, *Ledtegn*, a pause double that of the comma; the *Colon*, *Tvepunkt*, double that of the semicolon; and the *Period*, *Slutningstegn* (Punktum), double that of the colon. There are besides, the *Parenthesis*, *Indskudstegn*, the *Dash*, *Tankestreg*, the *Quotation*, *Anførelsestegn* and the *Hyphen*, *Bindetegn*.

§ 79. The comma (,) usually separates those parts of a sentence which though closely connected

in sense and construction, require a pause be-
tween them.

§ 80. When two or more Nouns occur in the
same construction, they are parted by a comma,
unless they are immediately connected by a con-
junction, as: *England,. Frankrig og Rusland høre til
Stormagterne.*

§ 81. Two or more adjectives belonging to
the same substantive or two or more verbs,
having the same nominative case and immediately
following one another, are likewise separated by
a comma. *Hun er en god, forstandig Pige. Vi bør
hjælpe, trøste og opmuntre hverandre.*

An immediate connection by a conjunction is
an exception to the rule.

§ 82. Nouns in apposition are set off by com-
mas, as: *Napoleon, Kejser i Frankrig;* but if such
nouns only form a proper name, they are not di-
vided: *Kejser Napoleon i Frankrig.*

§ 83. Expressions in a direct address are
separated from the rest of the sentence by a
comma, as: *forhast Dig ikke, min Ven!*

§ 84. Several verbs in the infinitive mood,
having a common dependence, are also divided by
commas, as: *Trøste den Sorgfulde, oplyse den Uvi-
dende, hjælpe den Trængende, ere Beskjæftigelser,
Kvinden værdig.*

§ 85. Relative sentences generally admit a
comma before them, as: *Der er ingen jordisk Skjøn-
hed, som ej forgaaer.*

§ 86. The case absolute, and the infinitive
mood absolute, are separated by commas from the
body of the sentence, as: *sandt at sige, var det
Bondernes rette Hjælpekilde.*

§ 87. The comma also precedes as well as
follows an intermediate proposition, as: *Han rejste
igaar, trods min Faders alvorlige Raad, for at være
tilstede ved Kroningen.*

4*

§ 88. The semicolon (;) is used for dividing a compound sentence into two or more parts, sometimes when the preceding member of the sentence depends on the following, and sometimes when it would be complete without the concluding, as: *Vejen fra Herlufsholm til Sorø er fortryllende; den viser nogle af Sjællands rigeste Skovstrækninger og et frodigt Landskab. En halv Miil fra Kjøbenhavn ligger Frederiksberg; der er Adam Oehlenschlæger født.* Before *thi* and *men* is the semicolon placed, *when a complete sentence* follows.

§ 89. The colon (:) is applied when an example, a quotation or a speech is introduced, as: *Den hellige Skrift forklarer os tilfulde Guds Væsen i de Ord: Gud er Kjærlighed.* Also after the word *nemlig*, expressed or understood. *Aaret har fire Tider: Foraar, Sommer, Efteraar og Vinter.*

§ 90. The period *(Punktum)* (.) is used when a sentence is complete and not connected in construction with the following sentence. *Elsker alle Mennesker.* Sometimes the sense and structure of sentences admit a period between two sentences, joined by a disjunctive or copulative conjunction.

The period is also used after abbreviated words, as: R. a. D.

§ 91. A parenthesis ( ) is a clause containing some necessary information or useful remark, which may be omitted without injuring the construction. (It marks a moderate depression of the voice and ought to terminate with the same kind of stop which the member has that precedes it.)

§ 92. The dash — is often applied instead of the parenthesis, where a significant pause is required or where there is an unexpected turn in the sentiment, as: *Dit Syndebrev forsegler han, der skrev; men — Englen paa din højre Skulder græder.*

§ 93. A quotation " is two inverted commas. They are placed at the beginning of a phrase or a passage, which is quoted from the author or speaker in his own words, and two commas in their direct position, („) are placed at the conclusion.

§ 94. A hyphen - is employed when a word is divided, the former part written or printed at the end of one line, and the latter part at the beginning of another; it is to be placed at the end of the first line, not at the beginning of the second. Formerly it was used in connecting compounded words; but now compounds are written connectedly in the Danish language.

The points, denoting a modulation of voice are,

§ 95. 1) the interrogative point ? put at the end of a sentence, when a question is asked, as: *Troer Du, at han vil betale sin Broders Gjæld?* and

§ 96. 2) the exclamative point ! to express sudden emotions of surprise, joy, grief etc.; and also to invocations or addresses, as: *Hvilket Under! Desværre!*

In some cases it is rather difficult to distinguish between an interrogative and an exclamatory sentence. In the following example the meaning is signified solely by the points. *Hvilket Offer! Hvilket Offer?*

54

Exercises
(Stiløvelser.)

1.

Substantives with the definite article.

Kong*en* hersker. Fugl*en* synger. Barn*et* leger.
Mand*en* taler. Dreng*en* læser. Blomst*en* dufter. —
Kong*erne* herske. Fugl*ene* synge. Börn*ene* lege.
Mænd*ene* tale. Dreng*ene* læse. Blomst*erne* duſte.

The father smokes. The mother writes. The
son drinks. The daughter plays. The dog barks[1]).
The cat purs[2]). — The fathers smoke. The mo-
thers write. The sons drink. The daughters play.
The dogs bark. The cats pur.

[1]) gjøe.   [2]) snurre el. spinde.

2.

With the indifinite article.

E*n* Løve bröler. E*n* Ugle tuder. E*t* Æsel
skryder. E*t* Lam bræger. E*n* Kat miaver. E*n*
Gaas snadrer. — Løv*er* bröle. Ugl*er* tude. Æsl*er*
skryde. Lam bræge. Katt*e* miave. Gæ*s* snadre.

A horse neighs[1]). A wolf howls[2]). A serpent
hisses[3]). A frog croaks[4]). A swallow twitters[5])
A fly hums[6]). — Horses neigh. Wolfs howl.
Serpents hiss. Frogs croak. Swallows twitter.
Flies hum.

[1]) vrinske.   [2]) tude.   [3]) hvisle.   [4]) kvække.
[5]) kvidre.   [6]) summe.

3.

Substantives with the Genitive.

If two substantives are combined together, of
which one is in the Gen., this precedes the one
which is in the Nominative.

Mandens Huus. Grevens Slot. Dronningens
Broder. Præstens Sön. Rigmandens Guld. Bon-
dens Hest. — Mændenes Huse. Grevernes Slotte.
Dronningernes Brødre. Præsternes Sönner. Rig-
mændenes Guld. Bøndernes Heste. — En Mands
Huus. En Greves Slot. En Dronnings Broder.
En Præsts Sön. En Rigmands Guld. En Bondes
Hest. — Mænds Huse. Grevers Slotte. Dron-
ningers Brødre. Præsters Sönner. Rigmænds
Guld. Bønders Heste.

The wisdom of the creator. The lustre of the
star. The furniture[1]) of the palace. The child's
nurse. The man's history. The immortality[2]) of
the soul. The wisdom of the laws. The twittering
of the birds. The pleasures of country-seats[3]).
The blossom[4]) of the trees. The victories[5]) of
the enemies. The duties[6]) of the daughters.
The friendship of a man. The loveliness[7]) of
a child. A tie[8]) of affection. The loneliness[9]) of
a heart. A home of sorrows. A tiding[10]) of death.
— Friendship of men. Loveliness of children.
Loneliness of hearts. Ties of affection. Homes
of sorrow. Tidings of death.

[1]) Bohave.   [2]) Udødelighed.   [3]) Herresæde.
[4]) Blaastren.   [5]) Sejervindinger.   [6]) Pligter.   [7]) El-
skelighed.   [8]) Baand.   [9]) Enlighed.   [10]) Budskab.

4.

Adjectives correspond with the noun to which
they belong in gender as well as in number. If
the *definite* article stands before an adjective,
this always ends in *e*. With the *indefinite* article
it varies in form according to the gender, and
takes a *t* in the neuter.

Den store Dreng. Den flinke Pige. Det gode
Barn. Den smukke Have. Det grønne Træ. Det

56

milde Ord. — De store Drenge. De flinke Piger.
De gode Börn. De smukke Haver. De grönne
Træer. De milde Ord.

___

The good apple. The young mother. The
cruel King. The patient sufferer. The old wood[1]).
The great talent. — The good apples. The young
mothers. The cruel Kings. The patient sufferers[2]).
The old woods. The great talents.

[1]) Skov.   [2]) Lidende.

5.

En sejerrig Fyrste. En lykkelig Sön. En
ond Kvinde. Et godt Raad. Et stort Formaal.
Et rigt Hjem. — Sejerrige Fyrster. Lykkelige
Sønner. Onde Kvinder. Gode Raad. Store For-
maal. Rige Hjem.

___

A learned man. A blind child. An indus-
trious[1]) wife. A dying brother. A powerful[2])
friend. A faithful[3]) servant. — Learned men.
Blind children. Industrious wives. Dying brothers.
Powerful friends. Faithful servants.

[1]) arbejdsom.   [2]) mægtig.   [3]) trofast.

6.

**Substantives changing their gender ac-
cording to their signification.**

Pagtens Ark. En Bid af Kagen. En smuk
Gran. Et godt Raad. Et nyt Sold. En trofast
Værge. Den skarpe Segl. Det gode Skjold. En
dygtig Snært. En stærk Riim. Den store Nøgle.
Det dybe Buk.

___

A bad consequence[1]). A large retinue. The
old frog[2]). The unknown seed. A hidden trap-
door[3]). A broken limb. The new *literary work*[4]).

The nice writing. The team[5]) of horses. A green
bucket. A heavy pressure[6]). A diamond print.

[1]) Følge. [2]) Frø. [3]) Lem. [4]) Skrift. [5]) Spand.
[6]) Tryk.

7.

Substantives changing their vowel in the plural.

Anden er en Vandfugl. Bogen er udkommen.
Han har en stor Fod. Den graa Ko er lille. Er
Din Haand varm? London er en stor Stad. Fug-
len har en Klo. Han maa gjøre Bod. Kan Du
see den Trærod? Barnet har faaet sin første Tand.
En gloende Tang. Kanarifuglen sidder paa
Stangen.

_____

The old grey ducks. Books are very useful.
Both my feet and my hands. Two black cows.
Paris and London are large cities. The claws of
the craw-fish. He has paid several fines. The
roots are spoiled. Her teeth are charming. A pair
of tongs. Two white perches.

8.

Compound Substantives.

Kirkegaarden er ikke langt fra Herresædet.
Min Søsters Barnepige er syg. Hans Ungdoms-
arbejde er vellykket. Hun er et rask Kvindfolk.
Kjendeord kaldes ogsaa Kjönsord. I dette Aar-
hundrede.

_____

My grandchild and your grandchildren. The
christening of our babies. He lives in yonder[1])
village. Hart's-horn. A peasant girl. Peasant
girls. The estate[2]) of Lord H. A silver candle-
stick. A new flag-staff. This is a merchant-flag.

[1]) hiin. [2]) Grevskab.

58

9.

Some adjectives have an irregular Plural; some reject the *n* before the neuter *t*, and those terminating in *e*, *o*, *u* and *y* remain unchanged. (Excep: *ny* takes *nyt*).

Den lille Dreng. Det lille Barn. Den megen Rigdom. Det meget Gode. Den bly Pige. Det bly Öjekast. — De smaa Drenge. De smaa Børn. De mange Rigdomme... De mange Goder. De blye Piger. De blye Öjekast.

En egen Have. Et eget Huus. En ny Kjole. Et nyt Bord. En ædru Mand. Et ædru Sendebud. — Egne Haver. Egne Huse. Nye Kjoler. Nye Borde. Ædrue Mænd. Ædrue Sendebud.

The humble[1]) station. The humble furniture. The shy horse. The shy lamb. The timid[2]) woman. The timid sheep. — Humble stations. Humble furniture. Shy horses. Shy lambs. Timid women. Timid sheep.

A beloved[3]) child. A striped[4]) dress. A joyful[5]) tiding. A gay hope. A little[6]) while. A little word. — Beloved children. Striped dresses. Joyful tidings. Gay hopes.

[1]) ringe.   [2]) bange.   [3]) elsket.   [4]) stribet. [5]) fro.   [6]) liden.

10.

The comparison of Adjectives.

Dette Huus er smuk*kere* end mit. Han er den fattig*ste* Mand i Byen. Du er vel kun ung, men min Datter er y*ngre*. Den y*ngste* Dreng er ofte den flinkeste. Den ga*mle* General er tapper. Et hvid*t* Lam er et smuk*t* Dyr. Det hvide Lam er stör*re* end det sor*te*. Er Du æl*dre* end Vilhelm? Altsaa ere I de æl*dste* i Klassen. Jo virksomme*re*,

jo *bedre*. De gode Börn ere glad*ere* end de uly-
dige. Du er nok den mest fremmede her. De
bedste Vine ere styrkende.

My aunt[1]) is rich and generous; she is richer
than your father. I am older than you by two
years. He is taller[2]) than his brother. It is more
noble to forgive than to revenge. Religion teaches
us to suffer wrongs[3]) patiently. The richer people
are, the more covetous are they often. The most
ancient and commonest kind of idolatry[4]) was the
worship of the sun. China is the greatest empire
in the world. He is the worst of all. My daugh-
ter is the youngest child, but not the smallest.
The fewer desires, the more peace.

[1]) Tante. [2]) større. [3]) Fornærmelser. [4]) Afguderi.

11.

The degrees of comparison continued with
nouns substant: in *Apposition* (Samstilling) and *Jux-
taposition* (Hosstilling) which are to be well distin-
guished.

Han har to meget smukke Døtre; den ældste
er den smukkeste. Nero var en ond Mand, men
dog ikke den værste af Oldtidens Herskere. Ran-
ders Lax ere meget gode. Ribe Domkirke er ær-
værdig; den er en af Danmarks skjönneste Byg-
ninger. Frederik den Syvende, Konge i Danmark,
er Frihedens Ven. Hajen, en Rovfisk, bliver
frygtet med Rette.

Most children are inclined to idleness. A wise
man values pleasure very[1]) little, but he values
virtue much. Augustus was perhaps not a greater
man than Antony, but he was more fortunate.
The most learned men are not always the most
virtuous. Burgundy wine[2]) is very dear in Eng-
land. Greenwich Hospital is a noble building.

Victoria, Queen of England is highly beloved by
her subjects. An angry man often speaks worse
than he thinks. I am older than you by two years,
but you are taller than I by two inches[3]).

[1]) sætte Priis paa.   [2]) Burgunder Viin.   [3]) Tommer.

12.
Of numeral adjectives.

Klokken er syv (7). Den er halvni (8½). Den
er tre Kvarteer til ti (9¾). Denne Bog koster 3
Rigsdaler; det er 6 sh. 7 d. Mit Uhr er 48 Daler
værd; dette Bord har jeg betalt med 90 Daler;
det er ti Pund. Albert Edvard, Prinds af Wales,
er født den 9de Novbr. 1841; Alexandra, Prind-
sesse af Wales, den 1ste Decbr. 1844. Digteren
Byron blev født den 22de Januar 1788 og døde
den 19de April 1824. Præsten og Skjalden N. F.
S. Grundtvig, Saxos Oversætter, blev født den 8de
Septbr. 1783, og lever endnu i Kjøbenhavn. Sla-
get ved Fredericia fandt Sted den 6te Juli 1849,
og Sejervindingen ved Idsted den 25de Juli 1850.
Kristian den Fjerde blev født 1576 og døde 1648.
Frederik den Syvende er født den 6te Octbr. 1808.
Et Aar har 365 Dage, eller 52 Uger. Aarets
Hovedinddeling er i Maaneder; 12 Maaneder ud-
gjøre et Aar; en Maaned har igjen 30 eller 31
Dage, en Dag 24 Timer, en Time 60 Minutter;
altsaa har en Dag 2,440 Minutter. Vi ere i det
19de Aarhundrede, thi vi skrive 1863.

A dozen buttons, a score of eggs, threescore
plums, fourscore herrings. The first day in the
week is called *Sunday*, the second *Monday*, the
third *Tuesday*, the fourth *Wednesday*, the fifth
Thursday, the sixth *Friday* and the seventh
Saturday. My daughter is 3½[1]) years old. I sup-
pose, you like to give double and triple the
price. One pound Sterling has 20 shillings, and a

shilling 12 pence. A Danish Dollar has 6 Marks, and a Mark 16 shillings, but 44 Danish shillings make only 1 English. London-bridge is 920 feet long, 55 feet high and 56 feet wide. Westminster-bridge is 1160 feet long, by 85 feet in the width; 29 feet wider than London-bridge; it was opened on the 1st of July 1862. The old bridge was 44 feet wide, and the free way[2]) under the arches[3]), of which there were 13 large and two small ones, was 827 feet.

[1]) halvfjerde eller tre et halvt.   [2]) Passagen, Vejen.
[3]) Buer, Brohvælvinger.

13.

Of the pronouns.

Jeg elsker hende, hun elsker mig. Du slaaer ham, han slaaer Dig. Hun bedrager os, vi bedrage hende. I dadle dem, de dadle Eder. — Han bader sig, de bade sig. De bade dem, han bader dem.

I hide[1]) her. She hides me. Thou killest him. He kills thee. She loves us. We love her. You see them. They see you. It snows[2]). It sounds[3]). I dress myself. He dresses himself. They dress themselves. They dress them (the children).

[1]) skjule.   [2]) sneer.   [3]) lyder.

14.

Min Fader er Din Ven. Dine Søstre ere mine Veninder. Hans Moder er syg og hendes Broder er rejst. Han sagde det til sin Fader, hun sagde det til hans Moder. Hun elsker sin Moder og hans Søster. Han gik med sin Broder, og hun med hans Fætter. Han og hun gik med deres Brødre.

Vor Moder er syg, vore Brødre ere flittige. Han har gjemt vort Skakspil. Hun har gjemt vore

Kort. Du har spiist Dit Æble. Hun har spiist Eders Æbler. Jeg har seet Din Bog. Vi have taget Eders Bøger og de have taget deres.

My brother. My brothers. The garden of thy sister and of your nieces. Your brother and your nephews[1]). Our house and our houses. Our garden and our gardens. He fulfils[2]) his duty and she neglects hers.

She takes care of her child and of his father. He posted her letter and his aunt's[3]) letter, but he did not post her aunt's. Our friends pursue their enemies, but not our countrymen. He is confined[4]) to his bed, but his sister has read his book to him during her holidays. Your mother walked with your sisters. She loves her children and you love yours. This book is mine, this paper is mine and these pictures[5]) are mine. All those pictures are ours.

[1]) Brodersønner.   [2]) opfylde.   [3]) Tante.   [4]) fængslet til Sengen).   [5]) Maleri.

15.

Denne Viin er god. Den Mand er gammel. Det Huus er stort. Dette Barn er stygt. Disse Vine ere bedre. Disse Mænd ere ældre. Disse Huse ere større. Disse Børn ere styggere. Hiin Mand er en Lærd. Hiint Menneske er fremmed. Hine Bøger ere forkastelige.

This book is good. This woman is ill. That woman is learned. That book is very bad. These apples are ripe. These soldiers are brave. Those armies have been defeated[1]). Those children are orphans. This knife belongs to me, and that to you. These horses are not of so great a value as those.

[1]) lide Nederlag, blive slagen.

16.

Den Mand, som læser Brevet. Bogen, som jeg kjøbte igaar. Hvo (eller hvem) er den Dame, der spiller saa smukt? Hvo (eller hvem) gav Dig disse Æbler? De Børn, som ikke ville lære Noget, blive uvidende. Den Dreng, der gaaer, er min Sön. Den Konge, hvis Undersaatter vare misfornøjede. Den Moder, hvis Barn var sygt. De Börn, hvis Dukker jeg har seet. De Damer, hvis Fætter er Erkebiskop. Glem ikke *hvad* jeg har sagt Dig. Sig mig, hvad Du veed. — Jeg fandt Bogen, hvilk*et* glædede mig meget. Hvilk*en* Bog vil Du nu læse? Hvilk*en* af disse Damer finder Du smukkest? Præsten forklarede Sagen, hvilk*et* var mig meget kjært.

Who has bought the book? The man, who gave you his card. I know, what you are guilty of. What book do you read. What did he say? Those who despise[1] learning don't know the value of it. He is a happy man, who wishes nothing. They are happy, who content themselves with little. They, who overcome[2] their passions, conquer their greatest enemies. Marcus Aurelius said, that he derived greater glory from what he had read or written, than from all the kingdoms he had conquered. I have forgotten the man, whose discretion I do not trust. I know the man, of whom you complain. Reflect on the dangers, to which you are exposed[4]. — What is man before God? What dreadful news! One is dead, pray, tell me which. Ignorance is a dishonour[5] to those, whose ignorance is a consequence of neglect. Which of these pictures do you prefer? To whom shall I apply[6], and whom shall I believe? Which is the most desirable, prosperity or adversity? The Almighty God, who knows the hearts, often rejects our prayers. The Christian

yoke[7]) is safer than liberty ; it is a yoke that makes
the practice[8]) of virtue pleasant.

[1]) foragte. [2]) sejre over. [3]) stole paa. [4]) udsat.
[5]) Skændsel. [6]) henvende sig. [7]) Aag. [8]) Udøvelse.

17.

Man siger. England venter, at Enhver vil
gjøre sin Pligt; det er en stor, men billig Fordring.
Hvert Folkeslag higer efter större Frihed. Hver
Videnskab har sine Grundsætninger. Hvert Land
har sine Skikke. Enhver maa sörge for sig selv.
Enhver, der arbejder redelig, finder Lön. Har
Nogen spurgt efter mig? Der banker Nogen paa
Døren. Ønsker Du Noget? Ja, jeg ønsker noget
Arbejde. Han har kjøbt nogle Blomster; hans
Søster har kjøbt nogle Broderier. Er der intet
Brev til mig? Jeg har ingen Penge. Ingen af
mine Slægtninge ere i London. Har Du anden
Skrift, andet Papir og andre Omslag? Alle mine
Bøger ere brændte. Sig det ikke til Nogensomhelst.

They say so. They speak of peace. It is
reported. It is said. They say. People say:
Every moment is dear to him, who knows the
value of time. Every one thinks of himself. They
have each a good place. Some of the soldiers were
killed. Somebody must have taken my purse.
Nobody has been here. Have you seen any of
your friends? No, not any. All is mutable[1]) in
this world. Piety refers[2]) all things to God. All
is not gold that glitters. They speak ill of one
another. Your brother and mine love each other.
Your servants and mine slander each other. No-
thing should hinder a Christian from telling the
truth. Nothing is more common than the word
friendship and nothing more rare than a true friend.
None of the fashions are becoming[3]). Whoever

spares the bad, does harm to the good. Whatever⁴) you undertake. Of whomsoever you speak, avoid calumny.

¹) foranderligt.   ²) henfører.   ³) klædelig.
⁴) hvadsomhelst.

18.
Of the verbs.

Jeg takker. Du spiser. Han driver. Vi takke. I spise. De drive. Jeg standsede. Du roste. Hun skreg. Vi standsede. I roste. De skrege. Jeg har væltet. Du har dræbt. Han har bidt. Vi have væltet. I have dræbt. De have bidt. Jeg havde tegnet. Du havde læst. Hun havde stridt. Vi havde tegnet. I havde læst. De havde stridt. Jeg skal vente. Du skal brænde. Han skal krybe. Vi skulle vente. I skulle brænde. De skulle krybe. Jeg skal have ønsket. Du skal have siddet. Hun skal have sat det. Vi skulle have ønsket. I skulle have siddet. De skulle have sat det. Jeg skulde have lagt. Du skulde have ligget. Han skulde have havt. Vi skulde have lagt. I skulde have ligget. De skulde have havt. Vaagn! Væk! Sæt! Sid! Læg! Lig! At vaagne. At vække. At sætte. At sidde. At lægge. At ligge.

I dig. Thou criest. He strives. We dig. You cry. They strive. I brewed. Thou called. She ascended. We brewed. You called. They ascended. I have locked. Thou hast spoken. He has torn. We have locked. You have spoken. They have torn. I had worked. Thou hadst shown. She had suffered. We had worked. You had shown. They had suffered. I shall live. Thou shalt die. He shall whistle. We shall live. You shall die. They shall whistle. I shall have

5

loved. Thou wilt have lost. She will have seen.
We shall have loved. You will have lost. They
will have seen. I should have left. Thou shouldst
have sought. He should have grasped. We should
have left. You should have sought. They should
have grasped. Fetch! Eat! Bite! To grumble.
To meet. To win.

19.

Min Datter elskes (bliver elsket) af Alle. Den
Slettænkende hades af gode Mennesker. Hun maa
ikke bringes dertil. De roses af Alle. Vi bleve
dadlede af Mange. Han er bleven dadlet. Du vil
blive kastet i Vandet. De sloges. De trættedes.
Vi straffes. I belönnes. Vi ville smigres. De
ville forfølges. Jeg forfulgtes. Du standsedes.
Han udplyndredes. Vi skulle være blevne myr-
dede. I vilde være blevne priste. De vilde være
blevne brændte.

I am punished. Thou art praised. He is
called. We are loved. You are hated and perse-
cuted. They are threatened. I have been threat-
ened. Thou hadst been loved. He had been
pursued. We shall be punished. You shall be
sought. They shall have been loved. He has
been much enriched. She had been warned. You
have been warned of your danger. The work
has been finished.

20.

Jeg vil blive nogen Tid i Paris. Jeg vilde
være bleven nogle Uger i Kjøbenhavn, dersom Du
havde været der. Denne Vinter har været meget
mild. Du skulde have sagt Din Fader det. Det
skulde have været sagt til Din Fader. Denne
Dreng har begaaet mange Daarskaber; han vilde
have begaaet end flere, dersom Du ikke havde

vaaget over ham. Naar jeg faaer læst, vil jeg
skrive. Da jeg havde læst, kom han. Naar jeg
faaer fanget en Fugl, vil jeg bringe Dig den.
Naar de faae spiist, skulle de atter arbejde. Da
jeg gik i Skoven, saae jeg de smukke Blomster.
Naar bleve disse Børn forældreløse? I vilde ikke
være blevne forkølede, dersom I havde været for-
sigtige. Hun vil komme til at lide mere, end Du
troer.

I discovered his refuge. He will suffer more
than you think. The water has been boiling
more than an hour. You did not succour him in
time. Gather these flowers for thy sister. They
would have been drowned. He would have re-
pented of his temerity. You might not have de-
cided to stay. I would have lent him £ 50, if I
had known, he wanted it. I will be obeyed. Ho-
mer is the most agreeable fabulist that ever was.
I should not have come this morning, if I had not
received a letter. We should be happy, if we knew
how to fix our desires. If you would study well,
you would make great progress. The King would
have been loved, if he had been less cruel. If
you had taken revenge, you would have been but
equal with your enemy; now you are his superior.

21.

Godmorgen! Hvorledes befinder De Dem?
Jeg takker, meget vel; jeg er, som De seer, ved
at skrive[1]). Da jeg sidste Gang besøgte Dem,
var De ved at læse[2]). Virkelig? Det er sandsyn-
ligt! Maa jeg være saa fri at bede Dem tillade
mig at skrive et Brev, naar De er færdig[3]). Gjerne;
jeg er færdig med at skrive[4]). Skrev De ikke[5]),
da jeg traadte ind? Unægtelig, men jeg havde
kun to Ord at tilføje, thi jeg vilde til at skrive[6])
mit Navn. Naar gaaer Posten til Danmark; jeg

vil gjerne skrive til min Broder om Penge. Skriv[7]) dog endelig ikke derom; han har jo nylig sendt Dem 300 £, og han vil troe, De bortødsler Deres Formue. De har Ret, han vil ikke synes om det; men Penge maa jeg have.

[1]) I am writing. [2]) was reading. [3]) you have done. [4]) have done writing. [5]) Did you not write. [6]) was going to write. [7]) Do not write.

Good morning, Sir! How do you do? Very well, I thank you. I am happy to see you looking so well. How is your lady. I thank you, perfectly well, she was playing[1]) at chess, when I left home. I am going[2]) to learn the game of chess; I know, it is very interesting. Do, learn it, Palamedes invented the game, I am told, in order to teach his soldiers the stratagems of war. Indeed! Did he succeed? I don't know; but I know, that some years ago I was going[3]) to learn it when one of my friends told me, that he had played his last game[4]), for people considered all chess-players to be selfish. It was indeed a very silly reason for not playing[5]), but his words were advice not to learn to play. And I did not learn it. Now, I shall follow my own opinion for I intend to learn the game, and I say to you: do[6]) play!

[1]) var ifærd med. [2]) jeg vil til. [3]) jeg vilde til. [4]) han var færdig med. [5]) til ikke at spille. [6]) lær dog endelig.

22.

Of the Adverbs.

Du siger *aldrig* hvad Du tænker. Jeg vil komme *aarle* næste Gang, i ethvert Tilfælde *betids*. *Allevegne* findes det Gode blandet med det Onde, det Stærke med det Svage. Er Din Broder *hjemme?* Jeg saae ham *nylig* gaae *hjemad. Hvor-fra* kommer Du? *Histhenne* fra. Hele Familien sad *tilbords*, da jeg kom. *Hvorfor* gaaer Du *bag-lænds?* Fordi han *idelig* seer efter mig. *Ifjor* rejste vi *udenlands.* Han er *inde* i Huset. *Omkring* Huset er der plantet Lindetræer. *Ovenover* Bogskabet og *nedad* dets Sider er der anbragt Bøger. *Iaf-ten* vil jeg læse Aviser. *Imorgen* er det Søndag. Det forekommer os *stundom*, *især* ved Nattetide, at vi høre milde, sagte Toner fra en ukjendt Verden. *Forgjæves* stræbe vi at fastholde dem; hvor *gjerne* vi end lytte til dem, forstumme de *uformærkt* som de fremkomme, men i Sjælen bliver det stille efter disse Aandepust. *Hvorfor* kæmper Mennesket? og *hvorledes?* naar Kampen ikke bringer Fred med sig. *Upaatvivlelig* for jordisk Velvære, og *maaskee alene* for den, og ganske *vist*, saa kommer Fredens Velsignelse ikke i det Indre. Kjærlighed til jordiske Ting er *altid* ledsaget af *nogen* Ligegyldighed for de himmelske Anliggender.

Never remind a man of the services you have rendered him. What is made with pleasure, is generally *well* made. You have given me *too much* sugar. I shall have done *to-morrow.* We *seldom* repent of talking too *little*, but we *very often* repent of talking *too much.* He has often spoken *well* of you. Her Majesty has *most graciously* permitted it. Asia minor is *far* away. I find the book *highly* instructive. *Formerly* I used to take a walk *early* in the morning and *lately* in the evening. *Sometimes* he calls upon me *twice* in the day. The gentleman came *towards* us. It is very *badly* done. *Perhaps* you can do it better. Your exercise is not *well* done, you have done it *hastily.* The apples fell *down by hundreds.* In Denmark eggs, plums and herrings are sold *by the score*[1]). His son will go *away*[2]) in half an hour. He is *gone*[3]). Will you go *home*[4]) now? We

70

shall be at *home*⁵) in two minutes. If you go *there*⁶),
you will find your brother-in-law *there*⁷). Please,
go *in*⁸), my children are all *in*⁹). How slowly he
drives. Put the sticks crosswise. They will settle
the matter amongst themselves.

¹) Sneseviis.   ²) bort.   ³) borte.   ⁴) hjem.
⁵) hjemme.   ⁶) derhen.   ⁷) derhenne.   ⁸) ind.   ⁹) inde.

23.
Of the prepositions.

Den Sag er vigtig *for* mig. Han gik *med* sin
Broder. Der kom en Mand *til* mig. Hun gik
over Marken. Jeg spurgte *efter* Dig. Her er et
Brev *til* min Fader. Vil han være Konge *i* Græ-
kenland? Bogen ligger *paa* Bordet. Gaa bort
fra Vognhjulet. Bogen ligger *under* Maleriet.
Spejlet hænger *over* Kaminen. Barnet gaaer *foran*
den gamle Mand; ved Siden *af* ham seer Du to
unge Piger, han gaaer midt *imellem* dem, og Tje-
neren følger bagefter. Vor Have ligger *udenfor*
Voldgraven. Syd for Elbfloden ligger Tydsk-
land. Kongeaaen skiller Nørrejylland *fra* Slesvig.
Imellem Sjælland og Fyen ligger Storebelt, *imel-
lem* Fyen og Jylland Lillebelt. Vi spadserede
langs Søkysten. De, der have samlet Kundskaber,
bære deres Rigdomme *med* sig, hvor de end fær-
des. Den Vej, der fører *til* Fred, er ikke altid
strøet *med* Roser og Violer. Vi rejste *igjennem*
Hertugdömmerne Slesvig og Holsteen, da vi vare
i Danmark. Vær taknemmelig *imod* Din Velgjører.
Selvagtelse er *for* det gode Menneske langt mere
tilfredsstillende end al Verdens Roes *for* den Verds-
ligsindede.

With a great fortune the miser¹) is still **poor**.
Have you any money *by* you. I said it *for* your
encouragement. I got it *from* my brother in Den-

mark. A comet is to be seen *towards* the East.
She wore a handkerchief round her neck. We
cannot live *without* food. It happened *about*[2]) six
weeks ago. Have you sent my letters *to* the post?
No, I have been waiting *for* my uncle's. The cat
caught a mouse *behind* the cupboard. *For* whose
sake[3]) has he ruined himself. Will you come
down to breakfast? Send me *up* the newspapers?
Of whom do you complain? To whom shall I apply
to? We shall go *to* Paris to-morrow. We have
travelled *from* Denmark *to* Italy. He was ill
from Monday *till* Saturday. He went into the
house. He came in due[4]) time. What sculpture
is *to* a block of marble[5]), education is *to* a human
soul. We are naturally truthful, and we must do
violence *to* nature to shake *off* our veracity[6]).
Without a friend, the world is but a wilderness.

[1]) Den Gjerrige, Gnieren.   [2]) omtrent.   [3]) Skyld.
[4]) tilbørlig.   [5]) Marmorblok.   [6]) Sanddruhed.

24.

Of the Conjunctions.

Hans Kone er død, *men* hans Moder *og* Søster
leve. Min Broder *og* jeg troe, at *baade* Du *og*
Din Søster ville komme. Jeg kommer, *dersom* jeg
kan og *naar* jeg kan. Min Søster bliver hjemme,
hvis vor Moder ønsker det, og *dersom* hun kommer,
bliver det *dog* kun en Timestid, *thi* hun *saavelsom*
min syge Broder maae gaae tidlig tilsengs. *Enten*
han vil *eller* ej, maa han rejse. *Efterdi* det er
saaledes bestemt, maa det skee. *Saafremt* Du for-
maaer Noget, beder jeg Dig anvende Din Indfly-
delse, *medens* det er Tid. *Omendskjöndt*[1]) mine
Forhold have forandret sig, forandrer jeg mig *der-
for* ikke. *Hverken* Præsten *eller* hans Sön have
været her. *Jo* meer, *jo* bedre. *Jo* flittigere han

72

passer sine Bøger, *desto* snarere bliver han færdig.
Ifald Du kjører ud imorgen, beder jeg, *at* Du vil
besøge min Moder. *Siden* det *nu* staaer sig saa-
ledes, maa vi tage andre Forholdsregler, *deels* for
hans Skyld, *deels* for vor egen. Selv Konger ere
Sygdom *og* Død hjemfaldne.

¹) skjøndt, endskjøndt.

My wife *and* my daugther. He has been
rich, *but* now he is very poor. It has been re-
ported, *that* the King is dead. *If* I should dis-
cover any thing, I *will* tell you. Is your friend
well? I believe so, *for*¹) *if* she were ill, she would
have sent for me. You will be punished, *because*
you are telling stories. Why do you come *so*
late? *Because* I have been obliged to write seve-
ral letters. *If* you discover anything, pray, will
you acquaint²) me with it, *though* I have not asked
you before? *When*³) he was gone, I fell asleep.
*Notwithstanding*⁴) this calamity, he will stay there
during his holidays⁵) that is *to* say, in a fortnight⁶)
or three weeks. *Either* my sister *or* I will call
upon you to-morrow. *Neither* the book *nor* the
newspapers⁷) are to be found. *If* you intend to
go to the meeting, tell me *when*; and *if*⁸) I can
go and I am likely to see my sisters there, *both*
my daughters *and* I will leave the dinner-party,
even if my friends should wonder at it. You are
more clever *than*⁹) I. *The more* knowledge I ac-
quire, *the more* I wish to learn. Do you intend
to stay here, my boy, *until* the rain has ceased?
if so, I fear you will be *too* late.

¹) thi.   ²) meddele.   ³) da.   ⁴) uagtet.   ⁵) Ferie.
⁶) fjorten Dage.   ⁷) Aviser.   ⁸) saafremt.   ⁹) ind.
¹⁰) altfor.

Idioms *(Talemaader)*.

Han vil besøge Dem.	He will call upon You.
De var hos mig igaar.	You called at my house yesterday.
Jeg forlangte Viin.	I called for wine.
Han er Mand for.	He is capable of.
Jeg bryder mig ikke det ringeste om hende.	I don't care a straw about her.
Hun bryder sig ikke om mig.	She does not care for me.
Lade Fem være lige.	To care about anything.
Jeg har ingen Penge hos mig.	I carry no money about me.
Frisk Mod!	Cheer up!
Hun har traadt sine Børnesko.	She is no chicken.
At gaae fra sin Tale.	To come to a stand still in the midst of his speech.
Stol paa mig!	Confide in me.
Han vil slaae det i Glemmebogen.	He will consign it to oblivion.
De ere paa spændt Fod.	There is a coolness between them.
At holde En Stangen.	To cope with one.
Beltet er tillagt.	The Sound is covered with ice.
Er Du ugleseet?	Are you crazy?
At slaae stort paa.	To cut a great dash.
At give kort Besked.	To cut the matter short.
At føre en bag Lyset.	To deceive a person.
At gaae bag af Dandsen.	To decline in prosperity.
At være i bundløs Gjæld.	To be deeply in debt.

Jeg bad ham om.	I demanded from him.
Det afhænger af Dem.	That depends on You.
At gjøre Kaal paa en Ting.	To destroy a thing.
Han har ingen Ære i Livet.	He is utterly devoid of honour.
At faae en lang Næse.	To be disappointed.
At overgive sig paa Naade og Unaade.	To surrender at discretion.
En Ønskekvist.	A divining rod.
At stryge Noget over med en Harefod.	To do a thing carelessly.
Jeg maa først blive færdig.	I shall have done first.
Han trak blank.	He drew his sword.
Det lakker ad Aften.	Evening is drawing near.
Deres Ord i Ære.	With all due deference.
Med flyvende Faner og klingende Spil.	With colours flying and drums beating.
Over Hals og Hoved.	Over head and ears.
At staae i Anseelse.	To enjoy consideration.
Helligtrekongerdag.	The Epiphany.
Et Bryllupsdigt.	An epithalamium.
Jeg er ham en Torn i Öjnene.	I am an eyesore to him.
At lukke Døren for Næsen af Een.	To shut the door in one's face.
Hun faldt i Afmagt.	She fainted away.
At spille Bankerot.	To fail.
Han vil ikke være Dreng for Dig.	He will not be Your fag.
Han er kommen paa det sorte Bræt.	He is fallen into disgrace.
Der er kommen Noget imellem dem.	They have fallen out.

Det svarer ikke til min Forventning.
It falls short of my expectation.

At finde Naade for Ens Öjne.
To find favor in one's sight.

Det har ingen Nød.
No fear of that!

Det myler i min Fod.
I feel a pricking in my foot.

Der faldt mig en Steen fra Hjertet.
A heavy load fell from my heart.

Vil De skænke i Glassene.
Will you fill up the glasses.

Han har altid Noget at udsætte paa ham.
He always finds fault with him.

At skyde skarpt.
To fire with ball or shot.

At gaae En under Öjne.
To flatter a person.

Hvor han skaber sig!
What a fool he makes of himself!

Han seer saa flov ud.
He looks so foolish.

En erkedum Streg.
A great piece of folly.

At gifte sig Penge til.
To marry a fortune.

Jeg lægger mit Brev sammen.
I fold up my letter.

At gyde Olie i Ilden.
To add fuel to the flames.

At komme ud af en Klemme.
To get out of a scrape.

At komme under Vejr med Noget.
To get the scent of a thing.

At faae Skam til Tak.
To get blame instead of thanks.

At lære udenad.
To get by heart.

At staae op.
To get up.

Gaa bort! Se at komme afsted!
Get along!

At sætte Smag paa.
To give a flavour.

At give Fjenden det glatte Lag.	To give the enemy a broadside.
Gaa videre! Bliv ved!	Go on!
At sejle med Damp-skibet.	To go by the steamer.
At rejse udenlands.	To go abroad.
Hvor gjælder Rej-sen.	Whither are You going?
Ikke for al Verdens Herlighed.	Not for all the world's grandeur.
At bære Nag til En.	To have a grudge against one.
Slumpelykke.	Hap-hazard.
(Slumpespil.)	(Chance-game.)
Knubbede Ord.	Hard-words.
Ordet staaer mig for Munden.	I have it at my ton-gue's end.
Han tydede hen der-til.	He hinted at it.
Hvedebrødsdagene.	The honeymoon.
Han haaber det bedste.	He hopes for the best.
At sætte En en Vox-næse paa.	To deceive one.
Han skynder paa mig.	He hurries me on.
Det er ikke at løbe til.	It is not to be done in a hurry.
Fra Arilds Tid.	From time immemo-rial.
At stole paa en Ven.	To intrust to a friend.
Han blander sig i An-dres Anliggender.	He interferes with the affairs of others.
I sin Families Skjød.	In the bosom of his family.
I Lykkens Skjød.	In the lap of fortune.
Paa Dansk, paa En-gelsk.	In Danish, in English.
De spøger desan-gaaende.	You jest on that sub-ject.
At holde sig i Skindet.	To keep quiet.

(Det gyldne Skind:)   (The golden fleece.)
Tre Skridt fra Livet.   Keep your distance.
Holde reen Mund, be-   To keep a secret.
vare en Hemmelighed.
Han holder Ørene stive.   He keeps up his cou-
rage.

Han kan ikke styre sig.   He cannot keep his
temper.

Jeg kjender hans Natur.   I know his humor.
Han bemægtigede sig   He laid hold of him.
ham.
At stikke Hovederne   To lay heads together.
sammen.
Lad være!   Leave off!
Han trækker Tiden ud.   He lengthens out the
time.
Hun lever paa en stor   She lives in grand
Fod.   style.
Verset falder tungt.   The line is heavy.
Den hele udslagne   The livelong day.
Dag.
Hun længes efter sin   She longs for her
Datter.   daughter.
Jeg søgte efter Dem.   I looked for you.
At lade En i Stikken.   To leave one in the
lurch.
Plads der!   Make way!
Han gjør Kvalm over   He makes a fuss about
ingen Ting.   nothing.
At byde En Spidsen.   To make head against
one.
Jeg kan ikke finde ud   I can't make it out.
af det.
At faae En til at lee   To make one laugh
— græde,   — cry.
At skyde Gjenvej.   To make a short cut.
At være til Nar.   To be made a fool of.

78

Hun gjorde en Ulykke paa sig selv.
She made away with herself.

Jeg møder dem ofte.
I often meet with them.

At passe sig selv.
To mind one's own business.

Langt op ad Dagen.
Late in the morning.

Som det sig hør og bør.
As is meet and fitting.

Han radbrækker det danske Sprog.
He murders the King's Danish.

Fra Morgen til Aften.
From morning till night.

Det modsætter jeg mig.
I object to that.

En underlig En.
An odd fish.

At give En Noget forud.
To give one odds.

Paa staaende Fod.
Off hand.

Du maa ikke være saa nöjeregnende.
You must not be over particular.

Han maaler sig selv med den store Alen.
He overrates himself.

At give En Lige for Lige.
To pay one back in his own coin.

Han vil Dig tillivs.
He wants to pick a quarrel with You.

En Straffedom.
A penal sentence.

(Guds Straffedomme.)
(The judgments of God.)

Det vilde være en evig Skade.
It would be a thousand pities.

Den rene Sandhed.
The plain truth.

At spille om Penge.
To play for money.

At spille for Morskab.
To play for love.

Lykke paa Rejsen!
A pleasant journey to you.

Dersom De vil tage tiltakke.
If you will take potluck.

Prædike for døve Øren.
To preach to the wind.

Føre Vidner.
Produce witnesses.

At lyse Velsignelsen.	To pronounce the benediction.
At bryde sin Hjerne.	To rack one's brain.
Paa Lykke og Fromme.	At random.
Det er lovlig varmt her.	It is rather hot here.
Vi læste videre.	We read on.
Mind mig derom.	Remind me of it.
Han bad mig.	He requested me.
Hun gav ham Kurven.	She rejected him.
Gjøre sig udtilbeens.	To be refractory.
Det er Alt klappet og klart.	It is all right.
Saa frisk som en Fisk.	As sound as a roach.
Tre Dage i Rad.	Three days running.
Hestene løb løbsk.	The horses run away.
Han styrter sig i Gjæld.	He runs into debt.
Heel og holden.	Safe and sound.
At læse tilbords.	To say grace.
Han finder nok Huset.	I dare say, he will find the house.
Du forstaaer mig nok.	I am sure, you understand me.
Han er en Fugleskræmsel.	He is a scarecrow.
At drive for Takkel og Tov.	To scud under bare poles.
Jeg forsegler mit Brev.	I seal up my letter.
Dig skeer Din Ret.	It serves you right.
Det er kun til at see paa.	It is only for show.
At være saa ked af Noget som Kat af Senop.	To be heartily sick of a thing.
Tiden er for knap.	The time is too short.
Smalhans er Køkkenmester idag.	We are on short commons to-day.

80

Han har en Ræv bag
Øret.
Det svier til hans
Pung.
At bide En over.
At løse en Gaade. (At
løse en Knude.)
Hen efter Nytaar.

At tage Bladet fra
Munden.
Tal højt!
Ud med Sproget! }
Han øser Penge ud.

Han kom med lange
Skridt.
Han har en Slingre-
gang.
Komme bag paa En.
Saa stiv som en Pind.
Haarene rejste sig paa
hans Hoved.
At have to Udveje.

Han har mange Aar
paa Bagen.
At falde i Staver.

Bladet har vendt sig.
At slaae sig til Drik.
Det vil snart spörges.
At fare med Usand-
hed.
At tage ud i det
Grönne.
At tage Benene paa
Nakken.

He is a sly fellow.

He must smart for it.

To snub one.
To solve a riddle. (To
untie a knot.)
Some time after New-
year.
To speak out.

Speak out!

He squanders his mo-
ney.
He came stalking
along.
He has a staggering
gait.
To steal upon one.
Stiff as a poker.
His hair stood on end.

To have two strings
to one's bow.
He is well stricken
in years.
To be struck with
astonishment.
The tables are turned.
To take to drinking.
It will soon take wind.
To tell stories.

To take a trip in the
country.
To take to one's heels.

Han er falden paa at gifte sig.	He has taken it into his head to marry.
At bruge Brøndkuur.	To take the waters.
Efter min Smag.	To my taste.
Hun har ingen Sands for Musik.	She has no taste for music.
At lade En Nogethøre.	To cast in one's teeth.
Lade Naade gaae for Ret.	To temper justice with mercy.
Han sætter mig Blaar i Øjnene.	He throws dust in my eyes.
Buldre paa Døren.	To thunder at the door.
Kjødet har en Tanke.	The meat is touched.
Hans Tænder løbe i Vand.	His mouth waters.
Jeg venter Dem.	I wait for You.
Jeg vil gjøre Dem min Opvartning.	I will wait on You.
I fuld Galop.	Whip and spur.
Man taler saa smaat om.	It is whispered.
Dermed skeer vor Villie.	Such is our will and pleasure.
Mon han lever endnu?	I wonder, if he is still alive.
Hvad i al Verden vil han?	What in the name of wonder does he want.
Gjør mig ikke Hovedet kruset.	Don't trouble me.
Jeg kan ikke gaae ind paa det.	I can not accede to this.
Jeg indvilliger.	I acquiesce in it.
Jeg holder paa min Mening.	I adhere to my opinion.
Jeg indrömmer.	I allow of that.
Du maa lære at krybe førend Du kan gaae.	You must creep before You can go.

6

Han spænder Buen for højt.	He aims too high.
At smøre En om Munden.	To amuse one with fair words.
At være vred paa En.	To be angry with one.
En Sølvbryllupsdag.	The 25th anniversary of a wedding-day.
En Guldbryllupsdag.	The 50th anniversary of the day.
En Diamantbryllupsdag.	The 60th anniversary of the wedding-day.
Jeg beder Dem undskylde min Fejltagelse.	I apologize to You for my mistake.
Jeg henvender mig til Dem desangaaende.	I apply to You for that.
Jeg billiger Deres Adfærd.	I approve of Your conduct.
At spadsere med hinanden under Armen.	To walk arm in arm.
Jeg bad ham om.	I asked of him.
Jeg seer ham hyppig.	I associate with him.
Jeg benytter denne Lejlighed.	I avail myself of this opportunity.
At ligge for Døden.	To be at deaths door.
At holde for ved hver Lejlighed.	To be the scapegoat on every occasion.
Ikke være ved sine fulde Fem.	Not to be in the right senses.
Det er altfor galt.	This is too bad.
Barnet begynder at skjönne.	The child begins to notice.
Rub og Stub.	Bag and baggage.
At staae paa Naale.	To be upon thorns.
At gaae i Barndom.	To be in his dotage.
At have Uret.	To be wrong.
At tage fejl.	To be mistaken.

Han holder Stand imod Ulykken.	He bears up against misfortune.
De maa slaae Noget af.	You must lower Your price.
Jeg beder Dem at gjøre det.	I beg of You to do it.
Han opper sig.	He bestirs himself.
Jeg kunde ikke naae det.	It was beyond my reach.
Han skød sig for Panden.	He blew out his brains.
Skibet sprang i Luften.	The ship blew up.
At støde i et Horn.	To blow a horn.
Blæsten rev min Hat af.	The wind blew off my hat.
Uvejret trak over.	The storm blew over.
Han er i Kost der.	He boards at his house.
Han hilser Dem.	He bows to You.
Han bukker saa dybt, at han naaer Jorden.	He bows down to the ground.
At have en Skrue løs.	To be crack-brained.
Gammelt Brød.	Stale bread.
Frisk Brød.	New bread.
Naadsens Brød.	Bread of charity.
Jeg spiser Æg til Frokost.	I breakfast upon eggs.
Hun brast i Graad.	She burst into tears.
Det angaaer ikke Dem.	It is none of your business.
Han bygger Luftkasteller.	He builds castles in the air.
Indtil den klare, lyse Dag.	Till broad day-light.
Han sætter Huset paa den anden Ende.	He turns the house out of the window.
En sort Ko giver ogsaa hvid Mælk.	A black hen lays a white egg.

6*

84

Man kan ikke leve af Luften.
A man cannot live on air.

Nogle ere vise, Andre næsvise.
Some are wise, some otherwise.

Han spidsede Ören.
He pricked up his ears.

Han lover Guld og grønne Skove.
He promises wonders.

At gjøre en Myg til en Elefant.
To makes mountains of mole-hills.

Hunger gjør Skovæbler søde.
Hunger makes hard bones sweet beans.

At gaae paa Jagt.
To go a hunting.

Enhver Ting har en Ende, men Pølsen har to.
Every thing has an end, and a pudding has two.

Den ene Villighed er den anden værd.
One good turn deserves another.

Give en et Ögenavn.
To call one names.

Hver Dag har sin Plage.
No day passes without grief.

Rom blev ikke bygget paa een Dag.
Rome was not built in a day.

Herrens Öje gjör Koen fed.
The master's eye makes the horse fat.

Fire Öjne see meer, end to.
Two eyes are better than one.

Övelse gjør Mester.
Use makes perfect.

Hvad Hjertet er fuldt af, löber Munden over af.
What the heart thinks, the tongue speaks.

Mens Græsset groer, döer Koen.
While the grass grows, the steed starves.

Som man saaer, skal man höste.
Do well — and have well.

Liden Draabe huler en Steen.
Small rain lays a great dust.

Hun kan det paa sine Fingre.	She has it at her finger's ends.
Det er stor Skade.	It is a thousand pities.
Han ejer ikke en Skilling.	He is not worth a farthing.
Naar Alt gaaer galt.	When the worst comes to the worse.
Strømperne ere ikke mage.	The stockings are not fellows.
At komme til Kræfter.	To gather strength.
Betale Skatter og Afgifter.	To pay scot and lot.
At bede om Forladelse.	To beg pardon.
At lade En i Stikken.	To leave one in the briars.

Han rejser med Apostlernes Heste.	He is on foot, walking.
Han trykker Almanakker.	He is telling stories.
Den gamle Adam.	The sinful nature, the old Adam.
Han er født paa en Lørdag.	He is squinting.
Kirkegaardsblomster.	Grey hair.
Sætte en Guldlaas for Munden paa En.	To bribe a man.
Hun har lange Fingre.	She is pilfering.
Saa vil 101 være ude.	Then there will be a great trouble.
Konen hedder Rasmus.	The wife is lord and master.
Han dypper sin Pen i Galde.	He writes very sharply.
Hun er saa klog, at hun kan høre Græsset groe.	She believes herself to be very clever.

Fægte med Skræderens Vaaben.	To run away.
Kragetæer.	A bad hand-writing.
De strides om Kejserens Skæg.	They quarrel about nothing.
Gjøre En Hovedet kruset.	To vex one.
Skyde Papegöjen.	To be lucky.
De leve paa en stor Fod.	They live very stylishly.
Sige En, hvor David kjøbte Øllet.	To school a person.
Han kiger for dybt i Glasset.	He takes a drop too much.
Han vil ikke høre Gøgen kukke meer.	He will not live till the summer.
Han er smidig som en Aal.	He is cringing.
Han har Been i Panden. (i Næsen).	He is sharp.
Tærske Avner.	To be poorly paid, or not at all.
Barbere En.	To cheat one.
Gid Du sad paa Bloksbjerg.	I wish you were far away.
Han har en poetisk Aare.	He has some talent for poetry.
Der flyve stegte Duer i Munden paa ham.	He has not the least trouble at all.
Folk kryber til Vorherre, men løber til Djævlen.	People are more ready to do bad things than good.
Han satte sig paa Bagbenene.	He proved refractory.
Sætte En Blaar i Øjnene.	To deceive one.
Tale Dansk til En.	To speak one's mind plainly.
Han har brændt sig ved den Handel.	He has lost his money.

En Steensliber.	A saunterer.
En Kurvesamler.	A person rejected several times.
Hr. Mikkel.	The fox.
Hr. Bruun.	The bear.
Madame Bruun.	A coffee-pot.
Den røde Hane galer.	There is a fire.
Gaae Krebsegang.	To be reduced in circumstances.
Tabe Næse og Mund.	To be astonished.
Hun bærer Vand i et Sold.	She makes a useless work.
Være i Kridthuset.	To be the favourite of one.
Gjøre sine Hoser grønne.	To curry favor.
Ud af første Skuffe.	Of the best quality.
Hun gaaer tilsengs med Hønsene.	She goes to bed very early.
At smøre Haser.	To take to one's heels.
Bide i Græsset.	To bite the dust.
Blive Græsrytter.	To be unhorsed.
Han har Grød i Hovedet.	He is very stupid.
Det er hverken hugget eller stukket.	It is made very carelessly.
Det er hans Kjæphest.	He is fond of it.
Blind Høne finder ogsaa Korn.	To succeed by accident.
Gjöre Luftspring.	To cut capers.
Gaaseviin.	Water.
Slaae Klik, klikke.	To miss fire.
Komme tilkort.	To be a loser, to fall short.
I en Haandevending.	In a trice.
Den og Den.	Such a one.
En vis Mand.	Mr. such a one.
Vidt og bredt.	Far and wide.
Aar 1863 efter Kristi Fødsel.	In the year of our Lord 1863.

88

Desto bedre. — All the better.
For Penge og gode Ord. — For love or money.
Smaapenge. — Change.
Den Næstsidste. — The last save one.
Han kom galt afsted. — He brought his hops to a fine market.

At være i Kattepine. — To hold the wolf by the ears.

Han løb fra det paa Halvvejen. — He threw the handle after the hatchet.

Han snakker opad Vægge, ned ad Stolper. — He talks nonsense.

Sætte En et X for et V. — To deceive one.

Den sorte Kunst. — Necromancy.

En Törvetriller. — A tedious, narrow-minded person.

Pölsesnak. — Balderdash.

At slaae Noget hen i Vind og Vejr. — To make light of a thing.

Some proverbial expressions.

Naar Krybben er tom, bides Hestene. — When poverty comes in at the door, love leaps out at the window.

Naar Enden er god, er Alting godt. — All is well, that ends well.

Nye Koste feje bedst. — New brooms sweep clean.

Loven er ærlig, men Holden besværlig. — To promise is one thing, to perform another.

Han bærer Kappen paa begge Skuldre. — He wears two faces under one hood.

Vanen er den anden Natur. — Habit is second nature.

Drukken Mund taler af Hjertens Grund. — What soberness conceals, drunkenness reveals.

Det regner Skomagerdrenge ned. — It rains cats and dogs.

Det er let at skære en bred Rem af en Andens Ryg. — It is easy to be free with another's purse.

Det stille Vand har den dybe Grund. — Still waters run deep.

Om Natten ere alle Katte graae. — All cats are grey in the dark.

Een Fugl i Haanden er bedre end ti i Luften. — A bird in the hand is worth two in the bush.

Hvad der kommer let, det gaaer let. — Lightly come, lightly go.

Ude af Syne, ude af Sind. — Out of sight, out of mind.

Af Skade bliver man klog. — Bought wit is best.

Man skal ikke sælge Björnens Skind, før man har fanget den. — Don't reckon your chickens before they are hatched.

Een Svale gjør ingen Sommer. — One swallow makes not summer

Æblet falder ikke langt fra Stammen. — He is a chip of the old block.

Krukken gaaer saalænge tilvands til den kommer hankeløs hjem. — The pitcher goes to the well till it comes home broken.

Som Herren er, saa Tjeneren. — Like master, like man.

Man maa smedde medens Jernet er varmt. — We must strike while the iron is hot.

Nød bryder alle Love. — Necessity has no law.

Man maa ikke give Bagerbørn Hvedebrød. — Don't carry coals to Newcastle.

Giv ham en Finger og han vil tage hele Haanden. — Give him an inch, and he will take an ell.

90

Hunger er den bedste Kok.	Hunger is the best sauce.
Den, der kommer først til Mølle, faaer først malet.	First come, first served.
Borg skaffer Sorg.	He that goes borrowing, goes sorrowing.
Klæder skabe Folk.	Fine feathers make fine birds.
Hæleren er lige saa god som Stjæleren.	The receiver is worse than the thief.
Den Hund, der gjøer, bider ikke.	A barking dog never bites.
Alt hvad glimrer er ikke Guld, og det er ikke alt Guld, der glimrer.	All is not gold that glitters, and not all gold glitters.
Krage søger Mage.	Birds of a feather flock together.
Saa mange Hoveder, saa mange Sind.	Many men, many minds.
Pengeløs er venneløs.	No money, no friends.
Med Ræv skal man Ræv fange.	Set a thief to catch a thief.
Naar Katten er borte, spiller Musen paa Bænke.	When the cat is away, the mice will play.
Det er Vand paa hans Mølle.	That is grist to his mill.
Han drikker som en Svamp.	He drinks like a fish.
Han forstaaer at mele sin Kage.	He feathers his own nest.
Han slaaer to Fluer med eet Smæk.	He kills two birds with one stone.
Han spinder ikke Silke derved.	He makes no fortune by it.
At spare paa Skillingen og lade Daleren gaae.	To be penny wise and pound foolish.

Han gjør gode Miner til slet Spil.

He puts a good face on it.

Skinnet bedrager.

Appearances are deceitful.

Han lyver i sin egen Pung.

He boasts of riches without possessing them.

Han har sin Næse allevegne.

He pokes his nose into every corner.

Han er kommen paa Knæerne.

He is reduced in circumstances.

At løbe med Liimstangen.

To go on a wild good chase.

At kjøbe Katten i Posen.

To buy a pig in a poke.

Nød driver nøgen Kone til at spinde.

Need makes the lame man run, the naked queen spin, and the old wife trot.

Gammel Fugl er ikke let at fange.

Old birds are not to be caught with chaff.

At have en Høne at plukke med En.

To have a crow to pick with one.

Han har altid en Finger med i Spillet.

He has always a finger in the pie.

Mennesket spaaer, Gud raader.

Man proposes, God disposes.

Han er ikke tabt bag af en Vogn.

He is very clever.

Det er saa let som Fod i Hose.

It is as easy as to kiss my hand.

Enhver er sig selv nærmest.

Charity begins at home.

For Ord kjöber man ingen Herregaard.

Fair words butter no parsnips.

Smaa Gryder have ogsaa Ören.

Little pitchers have long ears.

Der er flere brogede Höns end Præstens.

There are more maids than Mary and more men than Michael.

Smaa Gryder koge snart over.

A little pot is soon hot.

Den veed bedst hvor Skoen trykker, der har den paa.

The wearer best knows where the shoe pinches.

Sygdom kommer flyvende, men gaaer bort krybende.

Ague comes on horseback, but goes away on foot.

Man kan ikke maale Enhver med den samme Alen.

Every shoe fits not every foot.

Som man reder, saa ligger man.

As you have brewed, so you must drink.

Alting er godt for Noget.

It is never a bad day, that has a good night.

Liden Tue vælter stort Læs.

Little strokes fell great oaks.

Penge klarer Alt.

Money answers all things.

Vel begyndt er halv fuldendt.

Well begun is half done.

God Vilje trækker godt Læs.

Where the will is ready, the feet are light.

Den som tier, samtykker.

Silence gives consent.

Den som leer sidst, leer bedst.

Better the last smile than the first laugh.

Lediggang er en Rod til alt Ondt.

By doing nothing, we learn to do ill.

Af Börn og Narre faaer man Sandheden at vide.

Children and fools speak truth.

Det er ingen Kunst at dandse, naar Lykken er Spillemand.

He dances well to whom fortune pipes.

Liden Byrde er langvejs tung.

A small weight becomes heavy by distance.

Hver Fugl synger med sit Næb.

Every bird sings with his own beak.

Den, der tager Barnet ved Haanden, tager Moderen ved Hjertet.

He who takes the child by the hand, takes the mother by the heart.

I de Blindes Rige ere de Enöjede Konger.
Amongst the blind a one eyed man is King.

Hvad der er slaaet til en Skilling, bliver aldrig en Daler.
You can never make, a silk purse of a sow's ear.

Falsk slaaer sin egen Herre paa Hals.
Falschood beats his own inventor.

Frænde er Frænde værst.
Relations are jealous of each other.

Vorherre er Daarernes Formynder.
God the Lord is the guardian of fools.

Stormænd og Narre have frit Sprog.
Lords and fools may speak freely.

Gammel Kjærlighed brister ikke.
Old love will peep out.

Der gaaer ikke Røg af en Brand, uden der har været Ild i den.
No smoke without fire.

Blodet er aldrig saa tyndt, det er dog tykkere end Vand.
Blood is thicker than water.

Der er braadne Kar i alle Lande.
There is something broken in every house.

Han falder altid med Døren ind i Huset.
He is always abrupt in manner or words.

Morgenrøde gier Aftenbløde.
The rosy hue of morning gives a wet evening.

Aftenrøde gier Morgensøde.
The roseate hue of eve promises a fair morning.

Alvor og Gammen kan godt gaae sammen.
A serious mind can be a very happy mind.

Den Ene Lykken, den Anden Krykken.
One person has good luck, another very bad.

94

Braadne Kar i alle Lande, Roser sig med Torne blande.

There is something to complain of in every condition of life, no rose without a thorn.

Gjensti bliver ofte Glap-sti.

A short cut is often the longest way.

Den der gjemmer til Nat-ten, gjemmer til Katten.

Things laid by are often lost.

Tie og lide, stiller man-gen Kvide.

To suffer patiently sof-tens grief.

Den Enes Død, den An-dens Brød.

When one man dies, there is room for another.

De Gamle til Raad, de Unge til Daad.

It is best to take the advice of old people and to employ young people to act.

Om Aaret er aldrig saa langt, er Juleaften dog trang.

Even if people have plenty of time, they are often over busy at the last moment.

Ild prøver Guld, Nød Vennehuld.

Gold is tried in fire and friends in the time of distress.

Hvad Øret ej mon høre, det Hjertet ej kan røre.

What the eye don't see, the heart don't grieve at.

Den Ene Nydelse, den Anden Fortrydelse.

One person enjoys life, and the other envies his good fortune.

Mange Bække smaa gjøre en stor Aa.

Many a little makes a mickle.

Kom ihu, gamle Adam lever endnu.

Remember, men are sin-ful.

Fattig Ære er god at bære.

Poverty is no disgrace.

Selv en Jerndör for et Kammer, aabnes kan med Sølverhammer.

Money settles every thing.

En tro Haand og en stille
Mund holder ud til sil-
digst Aftenstund.

Idag rød, imorgen død.

Den, der rører ved Beg,
smører sig.

Den, der har lave Døre,
maa lære at lude; og
Den, der ingen Heste
har, maa kjøre med
Stude.

Naar Manden er bagklog,
bliver Konen forklog.

Ingen Rose uden Torn,
uden Avner intet Korn.

Det er Skik at hænge
de Tyve smaa, for at
bedre de store frie kan
gaae.

Gjemt er ikke glemt.

Hvorfor kommer Æslet
til Hove? for at bære
og trække de tunge
Sække.

Var ej Ave, gik Verden
af Lave.

Man er aldrig saa höjt
paa Straa, at Ulykken
jo tör banke paa.

Trustiness and discre-
tion always get through
the world.

Well to-day, dead to-
morrow.

If we have to deal with
common people, we
must be cautious
against insult.

People in bad circum-
stances must submit to
what they would prefer
to avoid.

When the husband is
imprudent, the wife
must be prudent.

Difficulties and troubles
are to be found every
where.

Common mischief-makers
are punished more fre-
quently than those of
quality.

Wrongs and troubles are
not forgotten if even
borne secretly.

If we permit common
people to familiar in-
tercourse, it is in the
hope of making them
useful to us.

Adversities are useful.

High winds blow on
high hills.

Med Lempe man kan i en Humlesæk vel bringe to, tre Snese Hönseæg.

Prudence and gentleness overcome difficulties.

Spente og spare kan længe vare, men suse og duse gjör tomme Huse.

Thrift and economy enrich, but a life of idleness and revel is destructive.

Vente og haabe gjör Mangen til Taabe.

Expectations are deceptive.

Som de Gamle sjunge, saa kvidre de Unge.

As the old cock crows, so crow the young.

Egen Arne er Guld værd; er den end arm, saa er den dog varm.

Home is home, be it ever so homely.

PART. II.

READING-BOOK.

Popular traditions. *(Danske Folkesagn.)*

„Vil Dansken i Verden fægte,
men dølger Aasyn og Navn;
jeg veed, hans Aand er ej ægte,
jeg tager ham ej i Favn.

Naar Mænd jeg kasted min Handske,
opslog jeg min Ridderhjelm;
de saae, jeg var Holger Danske,
og ingen formummet Skjælm."

Men hvo er da denne Holger Danske, der,
efter Sagnet, sidder under Kronborg Fæstning?
Han er Billedet paa den danske Folkeaand, paa
den Kraft, der rører sig i Folket, og som saadan
sidder han da ikke i Slummer og Ro under Fæst-
ningen ved Øresund, men findes hele Landet over.
Folketroen hensætter ham ogsaa paa forskjellige
Steder i Danmark, hvor han lejlighedsviis rejser sig
og ryster sin Kraft frem. Nogle paastaae, at have
seet og talt med ham i Nørrejylland; Andre ville
vide, at han sidder en halv Miilsvej fra Slagelse;
og i Slesvig fortæller Sagnet, at han lever under
Bakken ved Møgeltønder. Men almindeligst er Troen,
at han har Bolig under Kronborg Fæstning; og
Folket i Danmark stoler med Grund trygt og fast
paa, at han med sine staalklædte Kæmper nok skal
komme frem og bære det røde Skjold foran dan-
ske Stridsmænd, naar der er Nød og Fare tilstede.

7

For at komme til Kjendskab om hvad det
Vaabengny vel monne betyde, der nu og da hør-
tes under Kronborg Fæstning, fik nogle lystige
Ungersvende det Indfald, at vove sig ned igjennem
de underjordiske Gange og besøge Holger Danske.
De stege saa langt ned som de kunde komme og
standsede omsider ved en stor Jerndör, der sprang
op af sig selv, da de bankede paa, og de saae da,
at den førte ind til en dyb Hvælving. Midt under
Loftet hang en Lampe, i hvilken Olien næsten var
udbrændt, og nedenunder stod et mægtig stort
Steenbord, om hvilket der sade endeel staalklædte
Kæmper, der hvilede Hovederne paa de korslagte
Arme. Den, der sad ved Bordenden, rejste sig
op, da de traadte ind; det var Holger Danske.
Men idet han løftede Hovedet fra Armen, brast
Steenbordet heelt igjennem, thi hans Skæg var
voxet fast i det. «Ræk mig Din Haand!» sagde
han til den forreste af de Besøgende; men denne
vovede ikke at give ham Haanden, og fik derfor
fat paa en Jernstang, som han stak hen til ham.
Holger tog fat om den, i den Tanke, at det var
den unge Mands Haand, og knugede den saa-
ledes, at der blev Mærker i Stangen. Da han om-
sider slap den, sagde han: «Nu, det glæder mig,
at der endnu er Mænd i Danmark».
Saa siges der og, at han gav de unge Vove-
halse den samme Hilsen med, som han sender til
alle Tider og fra alle Steder, hvor Nogen gjæster
ham: «Sig til Din Herre og Konge, at jeg skal
nok komme til rette Tid; jeg kommer, naar der
ikke er flere Mænd i Danmark, end der kunne
tage Plads om et Tøndebaand, og saa vil jeg
samle om mit Banner alle Drenge paa 12 Aar og
Mænd paa 60, for med dem at frelse Landet.
Der groer en Plante i Viborg Sø, der skal
varsle om hans Komme, thi naar den er saa stor,

at man kan binde en Hest ved den, saa er det,
han staaer rede til at slaae Danmarks Fjender.

Hvor kæmpestor Holger Danske var af Legeme,
det giver Sagnet et Billede af ved Fortællingen
om de Briller, han engang fik af en Troldkvinde
til at see ned igjennem Jorden med. Da han havde
faaet dem, vilde han naturligviis prøve dem, og gik
ud paa Nörrefælled ved Kjøbenhavn, hvor han
lagde sig ned paa Jorden for at kige igjennem
den. Men da han rejste sig var der Spor i Mar-
ken af Brillerne, nemlig to Huller, som siden fyld-
tes med Vand, og det er de to store Kjær, som
endnu findes der.

Hellig Anders.

Lidt udenfor Slagelse, ved Landevejen til
Korsør, er en Høj, som kaldes Hvilehöjen, paa
hvilken der har staaet et Kors med latinsk Ind-
skrift til at forklare, at det blev oprejst til Ære
for St. Andreas eller Hellig Anders, som han
maa hedde paa ret Dansk.

Denne Hellig Anders var Præst til Peders-
kirken i Slagelse, medens Valdemar den Anden var
Konge i Danmark, altsaa i Begyndelsen af det
trettende Aarhundrede. Han var en from og gud-
frygtig Mand, der gjorde al det Gode, der stod i
hans Magt, derfor kom han i stort Ry og blev om-
sider Slagelse Skytsherre. Ogsaa de mange store
Jorder, der høre Slagelse By til, skal denne Præst
have forskaffet den; thi da han gjerne vilde see
Byen tilgode, bad han Kong Valdemar om at
skænke den noget Jord, og Kongen lovede ham,
at ville lægge saa meget Land til Slagelse By,
som Præsten kunde omride paa et ni Nætter gam-
melt Føl, medens Kongen var i Bad. Da Hellig
Anders nu havde faaet dette Løfte, red han saa
godt til, at Hoffolkene flere Gange maatte gaae til

7*

Kongen og bede ham skynde sig, dersom han ikke vilde, at Præsten skulde ride hele Landet om.

Der fortælles om Hellig Anders, at naar han holdt sin Bön under aaben Himmel, plejede han at hænge sin Hue og sine Handsker paa Solstraalerne. Engang da han vilde hænge dem der, som han saa ofte havde gjort, faldt de imidlertid til Jorden. Derover blev han meget sorgfuld, og bad Vorherre at sige ham, hvormed han havde forseet sig; han fik da og at vide, at en af Klosterfolkene havde stjaalet en Gærdestav og derved vanhelliget hele Samfundet.

Hellig Anders rejste engang selvtolvte til det hellige Land, men han kom ikke hjem igjen med sine Rejsefæller; thi da Afrejsen var forhaanden og de havde Medbør, vilde han dog ikke drage bort, før han havde hørt Messe i Joppe. Da han derefter kom til Strandbredden, vare hans Rejsefæller alt borte, og med sorgfuldt Sind saae han efter det bortsejlende Skib. Paa engang stod der en Rejsende ved Siden af ham og bød ham sætte sig op paa Hesten hos ham. Dette gjorde han, men idet de rede sammen, faldt Hellig Anders isövn i den Fremmedes Arme, og da han atter vaagnede op, saae han sig forundret om, thi han fandt sig paa en Höj udenfor Slagelse, og havde dog været paa flere hellige Steder undervejs. Det varede længe, inden hans Rejsefæller kom tilbage til Danmark, men den Höj, paa hvilken den fromme Præst opvaagnede, kaldtes Hvilehöj, og har siden altid beholdt dette Navn.

Troen paa Troldfolk, Höjfolk, Ellefolk og Nisser vedligeholder sig endnu blandt Almuen i Danmark, om denne end ikke gjerne vil vedkjende sig det. «Smaafolket» og de «Underjordiske» hedde de ialmindelighed med en fælles Benævnelse, og der fortælles, at da Vorherre udstødte de faldne Engle af Himlen, faldt Nogle af dem ned paa Höjene; de bleve Höjfolk, eller som de og kaldes, Bjergfolk; Andre faldt ned i Ellemoserne, og de bleve Ellefolk; atter Andre faldt ned i Gaardene, og de bleve Gaardboer eller Gaardbonisser.

«En Dag, siges der og, vilde Eva omsider vadske sine Börn ved en Kilde. Pludselig kaldte Vorherre paa hende, hvorover hun blev forskrækket og skjulte de Börn, som endnu ikke vare vadskede. Han spurgte hende derpaa, om alle hendes Börn vare tilstede, og hun svarede ja, for at han ikke skulde blive misfornöjet, dersom han saae, at Nogle vare uvadskede. Derpaa sagde han til hende, at hvad hun nu havde skjult for ham, skulde herefter være skjult for Mennesker, og i samme Stund forsvandt de utvættede Børn og skjultes i Bjergene; det er fra dem, alle de Underjordiske nedstamme.

Ialmindelighed staaer man sig godt med Smaafolkene, siger Menigmand, naar man kun lader dem i Fred og ikke fortrædiger dem, ja de give mangen god og gavnlig Haandsrækning i Gaard og Stald. De hjælpe til at flytte Kvæget og holde reent ved det. Nisserne især knytte sig, naar de ere gode og hjælpsomme, enten til Familier eller til Boliger, for at varetage Beboernes Tarv og hjælpe tilrette ved mødende Vanskeligheder.

«Dværge og Bjergfolk boe under Jorden og i Höjene, og om Natten kan synske Folk see dem dandse; da löfte Höjene sig og staae paa fire gloende Piller. Synske Folk? det er jo alle Söndagsbörn; det vil sige, Enhver, der er födt paa en Söndag.

«Ellefolket boer i Ellemoser. Manden seer ud som en gammel Mand med en sid Hat paa Hovedet; Ellekvinderne ere unge og dejlige at see til, men bagtil hule som et Dejgtrug. Ofte kan man

ved Ellemoser see Manden bade sig i Solens Straa-
ler, men kommer Nogen ham nær, da udspiler han
sine Kinder og puster paa Folk, hvilket fremkal-
der Sygdomme og Smerter. Kvinderne ere hyp-
pigst at see i Maaneskin, thi da dandse de deres
Runddandse med Lethed og Ynde, men de passe
godt paa, at Ingen seer deres hule Ryg.

Ellekongerne holde slet ikke af anden verds-
lig Magt. Paa Bornholm boer der en saadan Her-
sker under Jorden, som undertiden viser sig, men
ikke tillader Landets Konge at blive meer end tre
Dögn paa Øen.

«Paa Stevns Klint har der ogsaa før været en
Ellekonge. Han havde ialmindelighed sit Ophold
i Storehedinge Kirke, i en Gang i Muren, der
endnu kaldes «Ellekongens Kammer». Den Aa,
der er Stevns Herredsskæl, skal have været Grænd-
sen for hans Herredömme, og over den turde i
mange Aar ingen Konge komme; men Kristian
den Fjerde rejste til Stevns og afsatte ham. Nær-
ved Storehedinge er der Spor af en Egeskov. Det
var dengang Ellekongens Soldater, der om Dagen
vare at see til som Træer, men om Natten vare
drabelige Kæmper.

«Paa Møens Klint er der endnu en Konge.
Hans Dronning har sit Hjem paa det Sted, der
kaldes Dronningstolen, og ikke langt fra hende
staaer hendes Scepter, Dronningspiret, der nu kal-
des Sommerspiret. Klintekongen paa Møen er
en Ven af Klintekongen paa Stevns, men de ere
begge To fjendtlig stemte imod Klintekongen paa
Rygen, der altid maa spejde over Havet, for at
see, om de komme for at krige med ham.

«Møens Klint kan aldrig indtages, thi Klinte-
kongen holder Vagt der. I Krigstider kan man see
hele Krigsskarer paa Klinten til Landets Forsvar,
uden at vide, hvorfra de komme.

«Saa er der endnu en Klintekonge; han her-

sker over alle Klinterne ved Møen, Stevns
og Rygen. Naar han farer hen over Havet i
sin kunstige Vogn, der trækkes af fire sorte Heste,
bliver det ganske sort og kommer i vildt Oprør;
man kan ogsaa tydelig høre Hestenes Vrinsken.«

Efterhaanden som der er bleven bygget Kirker i Danmark, ere Troldene imidlertid forsvundne,
thi Klokkeringning kunne de ikke fordrage. Først
flyttede de fra et Sted til et andet, men jo flittigere
Kirkegængere Omegnens Beboere bleve, desto
uudholdeligere blev Opholdet for de Underjordiske, saa de omsider vendte Landet Ryggen og kun
komme tilbage til deres forrige Hjem ved særegne
Lejligheder.

«Synet af et Kors kunne de slet ikke udholde,
derfor lægge Bønderne undertiden Straa korsviis
for at hindre deres Gjennemgang. Korsveje kunne
de ikke komme over, og de kunne heller ikke udtale Ordet Kors, men kalde det «hid og did».
Trommeslag ere ogsaa ubehagelige for «Smaafolket», thi de ere meget bange for Torden og Lynild og ansee Lyden af Trommeslag for en Art
af Tordenskrald. Bønderne sørgede derfor fordum
for at faae Trommemusik til deres Gilder, naar de
vilde holde de Underjordiske borte. At Troen paa
dem ikke har tabt sig aldeles, viser klarligen den
Skik, der endnu findes hist og her i Landet: at
banke paa Höjene for at bede om Tilladelse til
at lade Kvæget græsse der. «Lille Trold! maa
min Ko græsse paa Din Vold?» det er det almindelige Spørgsmaal; faaer man intet Svar efter at
have banket tre Gange, da er det Tegn paa, at
Höjfolket ikke har Noget derimod, eller ogsaa er
flyttet bort. Men undlade at bede om Tilladelse,
det vilde være meget farligt, og det fejler ikke paa
Fortællinger om al den Ulempe og Skade, Kvæget
har været udsat for i saa Tilfælde.

De Underjordiske af al Art ere ansete for

overmaade snilde og kløgtige, men undertiden lade
de sig dog dreje en Knap af Mennesker. Saale-
des gik det en Trold, der havde hjemme i en af
de store Höje i Jylland. Bonden, paa hvis Mark
Höjen fandtes, gav sig til at plöje den uden at
iagttage den almindelige Banken, fordi han troede,
at de Underjordiske forlængst vare flyttede bort.
Pludselig stod imidlertid En af dem for ham og
spurgte: «Hvem giver Dig Lov til at pløje paa
mit Loft?» Efter at have gjort Undskyldning for
sin Dristighed, kom han snart overeens med Trol-
den om, at de hvert Aar skulde dele Udbyttet af
Bondens Udsæd, saaledes, at det ene Aar skulde
Trolden have hvad der var under Jorden, det an-
det Aar hvad der var ovenpaa; Bonden ligeledes
et skifteviis Udbytte. Men da saaede denne det
ene Aar Gulerødder og gav Höjfolket Toppen,
det andet Aar Korn og gav dem Rødderne.

«Al den Rigdom og det Guld, der tænkes kan,»
siger Almuen, findes hos de Underjordiske; men
undertiden komme de dog og laane Et og Andet
af Mennesker, som de staae i god Forstaaelse med,
og betale altid rigelig for den Velvilje, der vises
dem. Give de Potteskaar eller et Stykke Kul, saa
kan man rolig tage imod det, thi ved nærmere
Besigtigelse viser det sig, at Gaven er Guld, men
række de Sølv- eller Guldmynter frem, saa maa
Enhver vogte sig for at røre derved; thi de
ere gloende Ting, der strax brænde En. Kræ-
ver Udlaaneren de betroede Ting, blive de altid
fornærmede og hævne sig ved at beskadige Laa-
net; men venter han, indtil de selv bringe det til-
bage, følger gylden Løn med.

I Liimfjorden ligger den lille Ø Fuur med
den bekjendte Rødsteen; der har den viseste og
ældste af alle Bjergpuslingerne hjemme. Rødstenen
er en henved 30 Fod höj Klippe af rød Sandsteen,
der udvikler sig af en meget stor Bakke med Lag

af Skifer og Okker, en af de Bakker, der ligge
paa begge Sider af en snever Dal, og nedad hvis
Skrænt en Kilde risler. Tidligere skøttede Folk
slet ikke om at komme Rødstenen nær efter Sol-
nedgang, thi da begyndte Höjfolkene at pusle;
men nu have de forladt Øen, fordi de ikke kunde
holde al den Klokkeklang og Orgelmusik ud, og
Folk fortrædigede dem desuden paa allehaande
Maader. Saa lejede de engang en Baad og flyg-
tede bort midt i Nattens Mørke; men de ere dog
ikke længer borte, end at de kunne komme igjen,
naar det lyster dem. Da den sidst afdøde Konge
besøgte Øen, var der naturligviis stor Glæde iblandt
Øboerne; Alle frydede sig over det kongelige Be-
søg og gjorde hvad de kunde for at vise ham Ære,
ogsaa Bjergaanderne; de kom tilbage om Natten
for at gjøre Stads af ham, thi de pillede Mosset
af Rødstenen, fejede rundt omkring den og satte
Alt i den pynteligste Orden, hvorpaa de atter
droge bort.»
    Hvor Troen paa de Underjordiske vedligehol-
der sig — og dette er vel isærdeleshed i det nord-
lige og vestlige Jylland — gaaer der en Følelse af
Medynk med dem igjennem Beboerne, og en Higen
efter at kunne være disse faldne Engle tilhjælp;
derom vidne ogsaa de fleste af deres Sagn, og
denne Opfattelse har en af Danmarks Skjalde træf-
fende skildret ved at sige om «Skovtrolden»:

«To lige stærke Villier hans Sjæl slutter ind;
det er som Englen kæmper med Djævlen i hans Sind.
Det er som bag hans Öje et Hav af Taarer laa,
men aldrig en Draabe til Kinden kunde naae —
som Vægt af tusind Bjerge ham knuger Marv og
                                            Been;
men ej han kan sig bøje — hans Knæled er som
                                            Steen.»

Havfruer spille, som rimeligt er, ogsaa en
Rolle i den danske Folketro, thi Danmark er jo
et Ørige. Naar vigtige Begivenheder forestaae,
komme disse Najader op paa Overfladen af Havet
for at forudsige dem. De ere dejlige Kvinder for-
oven, men forneden skabte som Fisk, og deres
Hovedbolig er i Dybet nordfor Samsø, imellem
denne Ø og Kyholm. Dronning Dagmars Død
blev forudsagt af en Havfrue; Valdemar Atterdag
blev spaaet af en Havfrue, at den Datter, Dronning
Helvig vilde skænke ham, skulde overgaae Fade-
ren i Magt og Anseelse, og til Frederik den Anden
kom en Bonde fra Samsø 1576 og berettede, at
en dejlig Havfrue, der havde kaldt sig Isbrand,
var kommen til ham gjentagne Gange, naar han
plöjede sin Mark nede ved Stranden, og havde
befalet ham, at gaae til Kongen og sige, at hans
Dronning skulde føde en Sön, der skulde arve
hans Rige, og blive en ypperlig Herre blandt alle
Konger i den nordre Verden. Denne Sön blev
Kristian den Fjerde.

Havaanden eller Aamanden, der lever i Odense
Aa, har i Aarhundreder forlangt idetmindste eet
Menneskeoffer hvert Aar, for ikke at lade Vandet
stige saa höjt, at alle omkringværende Agre og
Enge vilde blive ødelagte derved. Kunde han faae
to, ja tyve Ofre, tog han gjerne derimod; men det
lader til, at han nu følger med Tiden og bliver
mindre grum. Ogsaa paa andre Maader søgte han
tidligere at fortrædige Folk, «thi,» siger en endnu
levende Færgemand, «han kunde dreje og vende
min Baad snart til den ene Side, snart til den an-
den, naar han var vred, saa at jeg ordentlig maatte
slaaes med ham, for ej at komme ned tilbunds.
Undertiden drillede han mig ogsaa ved at staae
paa den modsatte Side af Færgestedet, og raabe,

at En skulde strax komme med en Baad; naar saa jeg eller en anden Mand kom, i den Tanke, at der var en Rejsende, der vilde over, ja, saa var der naturligviis Ingen.»

Før vi gaae bort fra de danske Folkesagn, er det vel værd at gjengive et smukt Sagn af en anden Art, der opbevares i Omegnen af Odense fra «Svensketiden» *) af.

Et Par gamle Ægtefolk, der boede i et lille afsides liggende Huus, bleve yderst forskrækkede ved at høre, at Svenskerne paa Flugten brændte Byer og Huse af, hvorsomhelst de kunde komme til. Opfyldte af Angest og Frygt ved at vide dem i deres Nærhed, bleve de enige om at slaae op i Psalmebogen, og den første Psalme, de traf paa, skulde være dem til Varsel for, hvad der vilde møde.

«Vor Gud han er saa fast en Borg», denne Luthers skjønne, kraftige Psalme stod paa det Sted, Bogen aabnede sig, og dette gav dem Trøst og Mod; efter at have sjunget den med hinanden, gik de tilsengs, og bade Vorherre tage dem i sin Varetægt.

Næste Morgen da de vaagnede, var Stuen ganske mørk; sidenefter gik de til Døren for at aabne den, men kunde ikke faae den op, og da de kom op paa Loftet og endelig fik en Luge op, saae de, at det allerede var højt op paa Dagen, men at et tykt Snefog om Natten havde indfyget hele Huset og derved skaanet dem for de Voldsomheder, Fjenden havde viist i den nærliggende Landsby ved at skænde og brænde, før han drog videre.

*) Da Svenskerne havde besat Fyen 1658—1659.

Poetry. *(Digte.)*

Danmark, Du Perle, der svømmer paa Vove!
Vel Dine Sletter med Agre og Skove
række kun stakket fra Syd og til Nord;
men i vor Kjærlighed blomstrer et Rige
større og bedre, end Ord kan udsige,
der, o vor Konge! Din Vælde er stor.

Christian Winther.

Modersmaalet.

Moders Navn er en himmelsk Lyd,
saa vide som Bølgen blaaner,
Moders Røst er den Spædes Fryd,
og glæder, naar Issen graaner,
sødt i Lyst og sødt i Nød,
sødt i Liv og sødt i Død,
sødt i Eftermæle!

Moders Røst er den Vuggesang,
der huer os bedst af Alle,
Modersmaal har en himmelsk Klang,
naar Börnene „Moder” lalle,
sødt i Lyst o. s. v.

Modersmaal er det Kraftens Ord,
som lever i Folkemunde;
som det elskes i Syd og Nord,
saa sjunges der sødt i Lunde,
sødt i Lyst o. s. v.

Modersmaal er det Rosenbaand,
som Store og Smaa omslynger;
i det lever kun Fædres Aand,
og deri kun Hjertet gynger,
sødt i Lyst o. s. v.

Modersmaal er vort Hjertesprog,
kun løs er al fremmed Tale;
det alene i Mund og Bog
kan vække et Folk af Dvale,
sødt i Lyst o. s. v.

N. F. S. Grundtvig.

Modersmaalet.

Vort Modersmaal er dejligt, det har saa mild en
Klang,
hvormed skal jeg ligne og prise det i Sang?
En höjbaaren Jomfru, en ædel Kongebrud,
og hun er saa ung og saa yndig seer hun ud.

Hun lægger os paa Læben hvert godt og kraftigt Ord
til Elskovs sagte Bønner, til Sejrens stolte Chor;
er Hjertet trangt af Sorgen og svulmer det af Lyst,
hun skænker os Tonen, som lette kan vort Bryst.

Og om i Øst og Vest vi har sværmet og søgt
de svundne Tiders Viisdom, de fjerne Landes Kløgt,
hun lokker og hun drager, vi følge hendes Bud,
for hun er saa ung og saa yndig seer hun ud.

De Fremmede, de tænkte at volde hende Sorg,
de bød hende Trældom i hendes egen Borg;
men just som de meente, hun var i Baand og Bast,
da lo hun saa hjertelig, at alle Lænker brast.

Og alle de Skjalde hun skænked' Ordets Magt,
de blev om hendes Sæde en stærk og trofast Vagt;

hver Sang som Folket kjender og lytter til med Lyst,
den blev en Ring i Brynjen, som dækker hendes Bryst.

Hver kraftig Skjemt, der lokker paa Læben frem
et Smiil,
den blev i hendes Kogger en hvas og sikker Piil,
hvert Ord, der kom fra Hjertet og som til Hjertet
naaer,
det blev en Steen i Muren, der hegner hendes Gaard.

Og Aarene rulle og skiftes om paa Jord,
og vore Navne glemmes som Snee, der faldt ifjor,
og Slægt efter Slægt segner hen paa Nornens Bud;
men hun er saa ung og saa yndig seer hun ud.

E. Lembcke.

En Sommerdag i Danmark.

Søen strammer ud sit Klæde,
Himlen farver Fladen blaa;
klare, lyse Bølger smaa
ganske bly paa Landet træde;
Breddens Blomstersiv de væde,
trække sig saa, uden Brag,
atter hen saa sølversmukke
i det stille Hav, og vugge
med den klare Sommerdag.

Snekken hist paa Vandet flyder;
som en Svanes hvide Krop
puster stolte Sejl sig op,
langsomt Kjølen Bølgen bryder;
hid den sig mod Landet skyder
med det røde Purpurflag;
let en Flok Zefirer følger,
Flaget hen i Luften bølger,
paa den klare Sommerdag.

A. Oehlenschlæger.

Danske Nationalsange.

I.

Kong Kristian stod ved höjen Mast
   i Røg og Damp.
Hans Værge hamrede saa fast,
at Gothens Hjelm og Hjerne brast.
Da sank hvert fjendtlig Spejl og Mast
   i Røg og Damp.
Fly, skreg de, fly, hvad flygte kan!
Hvo staaer for Danmarks Kristian
   i Kamp?

Niels Juel gav Agt paa Stormens Brag.
   Nu er det Tid!
Han hejsede det røde Flag,
og slog paa Fjenden Slag i Slag;
Da skreg de höjt blandt Stormens Brag:
   Nu er det Tid!
Fly, skreg de, hver som veed et Skjul!
Hvo kan bestaae mod Danmarks Juel
   i Strid?

O Nordhav, Glimt af Vessel brød
   Din mørke Sky.
Da tyede Kæmper til Dit Skød,
thi med ham lynte Skræk og Død.
Fra Valen hørtes Vraal, som brød
   Din tykke Sky.
Fra Danmark lyner Tordenskjold;
Hver give sig i Himlens Vold
   og flye!

Du, Danskes Vej til Ros og Magt,
   sortladne Hav!
Modtag Din Ven, som uforsagt
tør møde Faren med Foragt

saa stolt som Du mod Stormens Magt
  sortladne Hav!
Og rask igjennem Larm og Spil,
og Kamp og Sejer før mig til
  min Grav!

J. Ewald.

II.

Danmark, dejligst Vang og Vænge,
lukt med Bølgen blaa!
Hvor de voxne danske Drenge
kan i Leding gaae
mod de Saxer, Slaver, Vender,
hvor man dem i Tog hensender;
een Ting mangler for den Have:
Ledet er af Lave.

Belt og Sund lod Gud indhegne,
Danskes Liv og Lyst;
Bølgen alle vide Vegne
værner Klint og Kyst;
ingen Nabo, som vil vinde,
tør paa Danmark gaae iblinde;
fik vi Ledet hængt ilave,
lukket var vor Have.

Dronning Thyra rejsteVolden,
Dannevirke kaldt,
som har mangen Tørning holden
för den slet forfaldt.
„Ledet", sagde Dronning Thyre,
„har vi hængt; Gud Vangen hyre,
at den ingen Fremmed bryder,
eller Hofbud byder!"

Dannemark vi nu kan ligne
ved en frugtbar Vang,
hegnet trindt omkring; Gud signe
det i Nød og Trang!

Lad som Korn opvoxe Knægte,
der kan frisk mod Fjenden fægte,
og om Dannebod end tale,
naar hun er i Dvale.

L. Koch.

Fædrelandssange.

I.

Langt höjere Bjerge saa vide paa Jord
man har, end hvor Bjerg kun er Bakke;
men gjerne med Slette og Grønhöj i Nord
vi Dannemænd tage tiltakke;
vi er ikke skabte til Højhed og Blæst,
ved Jorden at blive, det tjener os bedst.

Langt skjønnere Egne vil gjerne vi troe,
kan Fremmede udenlands finde,
men Dansken har hjemme, hvor Bøgene groe
ved Strand med den fagre Kjærminde,
og dejligst vi finde ved Vugge og Grav,
den blomstrende Mark i det bølgende Hav!

Langt större Bedrifter, for Ære og Sold,
maaskee saae man Udlænding øve;
omsonst dog ej Dannemænd føre i Skjold,
med Hjerterne, Løve ved Løve;
lad Ørne kun rives om Jorderigs Vold,
vi bytte ej Banner, vi skifte ej Skjold!

Langt klogere Folk er der sagtens om Land,
end her mellem Belte og Sunde;
til Huusbehov har vi dog Vid og Forstand,
vi vil os til Guder ej grunde.
Og brænder kun Hjertet for Sandhed og Ret,
skal Tiden nok vise, vi tænke ej slet!

Langt höjere, ædlere, finere Sprog
skal findes paa Fremmedes Tunge;

8

114

om Höjhed og Dejlighed Dannemænd dog
med Sandhed kan tale og sjunge;
og træffer vort Modersmaal ej paa et Haar,
det smelter dog meer, end Fremmedes slaaer.

Langt mere af Malmen saa hvid og saa rød,
fik Andre i Bjerg og i Bytte;
hos Dansken dog findes det daglige Brød
ej mindre i Fattigmands Hytte.
Og da har i Rigdom vi drevet det vidt,
naar Faa har for Meget og Færre for Lidt.

Langt ædlere Konger med Landsfader Navn
maaskee kan engang man opdage;
men Ætten i Lejre og i Kjøbenhavn,
dog spørger endnu om sin Mage;
thi prise vi Stammen af Skjold og af Dan!
gid altid den blomstre i Fædrenes Land!

Langt höjere Roes over herskende Drot
man hørte fra Fremmedes Tunger;
men Spørgsmaal, om altid det meentes saa godt
som her, naar hver Dannemand sjunger:
Vor Fredrik! Han vorde som Duen saa hvid!
Hans Alder höjloves som Fredegods Tid.

N. F. S. Grundtvig.

II.

Vi har et Huus ved Alfarvej,
kun tarveligt og lille;
til vore Vilkaar dog vist ej
et större passe vilde.
Det vore Fædres Daad har seet,
der har vor Barndom grædt og leet,
der er vor Manddoms Gjerning skeet,
der vil vi Öjet lukke.

Hvert Foraar hænges Taget paa
de ranke Bøgestammer,

og Bolstre grønne, gule, blaae
opredes i hvert Kammer;
i Kjældren klaprer Møllens Drev,
i Stuen Bonden, flink og gæv,
slaaer Kornets tunge, gyldne Væv
til Fuglesang fra Lofte.

Paa trende Sider har det Fred
bag Havets blanke Gjerde,
men intet Lukke eller Led
det skærmer mod den fjerde.
Ja, Væggen der er styrtet ind,
saa Regnens Dryp og Solens Skin,
saa fremmed Vrøvl og fremmed Vind
igjennem Huset trænger.

Vor Nabo ejer selv en Gaard
med sexogtredve Bure,
men helst paa Eventyr han gaaer
forinden vore Mure.
I Hjemmet staaer han under Pidsk,
men her vil Fyren spille frisk,
og sidde øverst ved vor Disk,
og puffe os i Krogen.

Vel bli'er vi aldrig Herremænd
i Verdens store Rige,
og vi vil gjerne gaae i Spænd
med Smaafolk, vore Lige;
men vi vil ikke drikke Dus
med Den, som spytter i vort Kruus,
og Herrer i vort eget Huus,
vi først for Alt vil være.

Og derfor op, I Dannemænd,
vor søndre Væg at bøde!
Med Skee i Haand og Sværd ved Lænd,
som Een skal Alle møde,

8*

og Ingen blive ræd og træt,
før vi har faaet Hytten tæt,
saa kan vi sove trygt og let
alt under Vaarens Puder.

C. Ploug.

Hjemvee.

Underlige Aftenlufte!
Hvorhen vinke I min Hu?
Svale, milde Blomsterdufte,
sig, hvorhen I bølge nu?
Gaae I over hviden Strand
til mit elskte Fødeland?
Vil I der med Eders Bølger
tolke, hvad mit Hjerte dølger?

Matte Sol bag Bjergets Stene,
luerød Du synker ned,
og nu sidder jeg alene
i en dunkel Ensomhed.
Hjemme var der intet Fjeld! —
Ak, saa er jeg ude vel,
skal i Nat jeg barnlig blunde
i mit Herthas grönne Lunde.

Norges Sön! jeg vel kan mindes,
Du har sagt med smeltet Bryst,
at i Hjemmet ene findes
Rolighedens sande Lyst.
Schweizer! som paa Klippen boer,
Du har talt de samme Ord.
Hellig Længsel drev med Vælde
Begge til de vante Fjelde.

Troe I da, kun Klippen ene
præger sig i Hjertet ind?
Ak! fra disse nøgne Stene
vender sig mit mørke Sind.

Synger Granens, Fyrrens Lov!
Hvor er Danmarks Bøgeskov?
Gustne Flod, som her sig krummer,
dysser ej min Sjæl i Slummer.

Hjemme rinde ingen Floder
i en sid og leret Grav.
Livets Kilde, Glædens Moder
breder sig, det sølvblaa Hav
slynger sig med venlig Arm
om sin Datters fulde Barm,
og ved Blomsten sig forlyster
paa Sjølundas unge Bryster.

Stille, stille! Baaden gynger
hisset mellem Siv og Krat,
höjt en Mø ved Cithren synger
i den tavse Sommernat.
Rene Toner! milde Lyst!
Hvor I kvæge sødt mit Bryst;
men hvad savner jeg og græder,
mens hun dog saa venlig kvæder?

Det er ej den danske Tunge,
det er ej de vante Ord!
Ikke dem jeg hørte sjunge,
hvor ved Hytten Træet groer —
bedre, skjönnere maaskee,
Ak! men det er ikke de.
Bedre, troer jeg vist hun kvæder,
men tilgiver, at jeg græder!

Tager ej min Sang for andet
end et ufrivilligt Suk!
Længselsfuld heniler Vandet,
Aft'nen er saa blid og smuk.
Mangen saadan Aftenstund
nød jeg i min kjære Lund;

Mindet vender nu tilbage:
det er Aarsag i min Klage.

Tidlig misted jeg min Moder,
ak, det gjorde mig saa vee!
Danmark er min anden Moder,
skal jeg meer min Moder see?
Livet er kun svagt og kort,
Skjæbnen vinker længer bort —
Skal jeg med den sidste Varme
trykke mig i hendes Arme?

A. Oehlenschlæger.

Ved Frederik den Sjettes Baare.

O Fædreland, hvad har Du tabt,
Din gamle Konge sover!
Et rastløst Liv til Arbejd skabt,
Henskylled Tidens Vover.
Et Hjerte brast, der banked ømt
For Landet og for Folket, —
Et Hjerte brast, der mildt har dømt,
Og Dommen mildt fortolket!
Og skjøndt den Fremtid, han har skabt,
Dig rige Frugter lover, —
O Fædreland, hvad har Du tabt!
Din gamle Konge sover.

H. P. Holst.

Nordens Eenhed.

Længe var Nordens
herlige Stamme
spaltet i trende
sygnende Skud;
Kraften, som kunde
Verden behersket,
tyggede Sul fra
Fremmedes Bord.

Atter det Skilte
bøjer sig sammen;
engang i Tiden
vorder det Eet;
Da skal det frie,
mægtige Norden
føre til Sejer
Folkenes Sag.

C. Ploug.

Tanken og Ordet.

Frit flyver Tanken. Den dristige Tanke
taaler ej Lænke og ændser ej Skranke.
Lidt dog den baader, naar ej den faaer Ord.
Tanken alene er Havet, der hviler
dødt og ufrugtbart — men Skibet, der iler
kjækt mod sit Maal, er det kraftige Ord.

Frit flöj vor Tanke, men Ordet — ak længe
laa det, en Harpe med urørte Strænge,
gravlagt og vented Opstandelsens Bliv; —
O, men det vaagnęd lig Støtten, der klinger,
vækket af Solgudens straalende Finger;
Maisol! Din Straale gav Ordet først Liv!

H. P. Holst.

Knud den Store.

Kong Knud sad stor og mægtig paa sin Throne,
en Herre, drabelig og stærk som huld.
Den danske, brittiske og norske Krone,
var sammensmeltet i hans Krones Guld.
Höjt i hans höje Sal klang Harpens Tone,
thi Skjaldens Barm var af hans Idræt fuld.
I Kirken selv lød Hymner til hans Ære,
thi kraftig han udbredte Jesu Lære.

Men Knud sad tavs og tankefuld i Sind,
ej blussed Læben som hans Purpurklæde,

sørgmodelig han støtted Haand til Kind,
og ingen Deel har tog i Hoffets Glæde.
De svundne Dages Idræt faldt ham ind,
da monne bitre Taarer Öjet væde.
«Ak,» sukked' han, «min Gud! kan Du forgætte,
min Synd, kan Du mit Regnebræt udslette?

Min Ungdom svandt i Stolthed og Foragt,
kjæk frem jeg gik, men nu jeg modløs græder.
For at forstærke denne stolte Magt
forbandt jeg mig med Eadrik, den Forræder.
Den djærve Ulf i Kirken blev ombragt,
hans Blod uskyldigt Altertavlen væder.
Ej blot med Sværdet, tidt med mørke Rænker
jeg vandred' frem. Nu det mit Hjerte krænker.

Men oftest dog med Manddom og med Sværd
min raske Ungdom blot sit Værk begyndte;
at vorde gamle Danmarks Krone værd,
det var den Tanke dog, som frem mig skyndte.
Og derfor stormed' jeg i Herrefærd,
og derfor Heltens Syssel, Kamp, jeg yndte.
Da aabned' sig mit Hjerte for Din Stemme;
Ak, hulde Jesus! kan Du alt forglemme?»

Som Kongen nu saaledes trøstløs sad,
med blege Kinder og med Graad i Öjet,
mens hen ad Bænken i den lange Rad
Guldhornet gik, og Hvermand var fornöjet;
da treen en Skjald for Kongen frem og kvad:
«Min Herre! hvor er Den som Du ophöjet?
Du tvang det stolte Nords udstrakte Lande,
ustraffet Ingen tør Dit Bud modstande.»

Taalmodig, uden Harme hørte Knud
paa denne daarlige, forvovne Tale.
Hvad Skjalden kvad, det raabtes snarlig ud
af hver en Ridder i de blanke Sale.

Da blev den gyldne Stol paa Kongens Bud
bragt ned fra Borgen gjennem grønne Dale
til hviden Strand, hvor stolt og langsomt Vandet
höjt skylled' sine Bølger op paa Landet.

Derpaa han lod med steenbesatte Baand
den tunge Glavind ved sit Bælte spænde,
med Krone paa, med Scepter i sin Haand,
man saae ham sine Fjed mod Havet vende.
Hvad Tanke nu besjælte Kongens Aand,
nysgjerrig Hofmand ønskte gjerne kjende;
men Kongen tav og vandred' med sit Følge,
i Purpurkaaben, mod den hvide Bølge.

Der Kongen sad og talte saa til Havet:
«Det Land jeg sidder paa, tilhører mig;
med Dig, o Sø! min Magt er jo begavet,
thi lyd Din Herre, Du ej nærme Dig!
Din Bølge kræver jeg saaledes avet,
at til min Fod den aldrig vover sig.
Thi jeg behersker Nordens stolte Lande,
ustraffet Ingen tør mit Bud modstande.»

Men som sædvanlig gik den stolte Bølge
sin vante Vej, den end bestandig tog,
af sin Natur den intet vilde dølge,
det ene Bølgeslag det andet jog.
Med otte Niende kom brat i Følge,
der stærk og svanger op paa Kongen slog.
Ej til hans Fødder kun den op sig trængte,
hans Scepter og hans Krone den besprængte.

Da rejste Kongen sig, saae til hver Side,
brød rørt med Taarer höjt saaledes ud:
«Isandhed, hver en Kristen burde vide,
at Ingen mægtig er, foruden Gud!
Han grunded' Jorden, han lod Havet glide
med evigt Røre, ved sit stærke Bud.

Han ene mægter Jord og Hav at tvinge,
mod Hans er al min Vælde saare ringe.»

Med disse Ord han af sin Krone spændte,
af Guld og Ædelstene tung og svar;
derpaa han sine Fjed fra Havet vendte,
og ydmyg Kronen hen i Kirken bar.
Der knælte han og hver en Synd bekjendte,
mens Angertaaren trilled' hed og klar.
Paa den Korsfæstede med Martyrkviden
han Kronen satte, bar den aldrig siden.

A. Oehlenschlæger.

Tycho Brahes Farvel.

Solen sank bag grønne Lund,
og den fulde, lyse Maane
mellem Sjølunds Kyst og Skaane
straaled over Øresund.
Hvælved om Uranienborg
sig den lyse Stjernebue.
Tycho stod i Maanens Lue,
monne Landet rundt beskue
tankefuld, med dæmpet Sorg.

Og han sagde: «Fædreland!
sig mig dog, hvad var min Brøde,
da Din Sön Du bort at støde
fra Dit Hjerte nænne kan?
Har Du glemt min Kjærlighed?
Det var mig, som monne bære
op til Skyerne Din Ære:
Hele Himlen kan jo være
Vidne til min Sönlighed.

Mit Chaldæa her jeg fandt!
Ak! I elskte danske Sletter
vise jo i lange Nætter
Himmelen til hver en Kant.

Derfor, elskte Fædrejord,
fremfor alle Verdens Lande
har jeg elsket Dine Strande,
og paa dem bør Templet stande
for det lyse Stjernechor.

Men Urania sin Ven
vil et andet Hjem berede,
hvorved hendes Kunst kan brede
sig til andre Lande hen.
Dunkelt jeg kun Vejen seer,
Stjernerne den maa betegne.
Ligemeget hvad for Egne!
Er ej Himlen allevegne?
Hvad behøver jeg saa meer?

J. L. Heiberg.

Kjærlighedsdalen.

Blandt grönklædte Bakker der ligger en Dal,
saa lönlig og stille, saa luun og saa sval;
der kommer ej Vinter med Storm og med Slud,
thi Dalen er Vaarens den evige Brud.

Og evig den smiler i Foraarets Pragt,
udsmykket med Blomsternes spraglede Dragt,
den skifter ej Klædning, skjöndt altid som ny,
den hviler bag Fjeldenes skærmende Ly.

Og trindt er den hegnet af Skoven saa grön,
der prunker nysprungen, ungdommelig skjön;
i Bladenes Løvhæng, med Frihed og Ro
de vingede Sangere bygge og boe.

Og raslende pible fra løvrige Fjeld
blandt søde Violer de klareste Væld;
de glide saa sagte, de snoe sig saa tidt,
som om de end gjerne gad tøve her lidt.

124

Og inde i Dalen der ligger et Huus,
halvt skjult mellem Løv, mellem Bækkenes Suus;
med Lundene for og med Lundene bag
det søger at dølge sit straalagte Tag.

Men Solen, som daler paa Himmelen blaa,
forraader bag Løvet de Vinduer smaa;
og snehvide Væg gjennem Rosernes Hæk
sig andengang viser i spejlklare Bæk.

Og hisset bag Bækken blandt Roserne boe,
usete af Verden, de elskende To;
paa Jorden de leve, men Himmelens Lyst
opfylder og hæver uskyldige Bryst.

Naar Solen fremstiger paa Bjergenes Tind,
den seer ved hans Barm hendes smilende Kind;
og naar den neddukker sin straalende Karm,
den finder ham i hendes favnende Arm.

Som tvende Dugdraaber, der tindrende staae
og smelte i Et paa det selvsamme Straa;
som Lilier to paa en eneste Green,
skjöndt Tvillingeblomster, dog ere kun een.

De ændse ej Tiden, den kommer og gaaer;
de tælle ej Dage, de mærke ej Aar,
ej Før eller Siden; de Elskendes Hu
kun fatter og føler det salige Nu.

«O sig os, Du Sanger, hvor ligger den Dal
saa lönlig og stille, saa luun og saa sval?
Hvor grønnes den Vaar uden falmende Høst?
Hvor fylder den Himmel de Elskendes Bryst?»

Det er som en Dröm fra min henfarne Vaar,
jeg saae den engang i mit sextende Aar;

men Stormene bruste, og Taagerne steg,
og Dalen tilsidst for mit Öje bortveg.

Men finder Du, Yngling, og finder Du, Mø,
den Dal, hvor I ønske at leve og døe;
da tænker med Ømhed paa Skjalden, jer Ven,
som Dalen har fundet — og mistet igjen!

St. St. Blicher.

Farvel!

Sig nærmer Tiden, da jeg maa væk; jeg hører
Vinterens Stemme;
thi ogsaa jeg er kun her paa Træk og haver anden-
steds hjemme.

Jeg vidste længe, jeg skal herfra; det Hjertet ikke
betynger,
Og derfor lige glad nu og da paa Gjennemrejsen
jeg synger.

Jeg skulde sjunget lidt meer maaskee — maaskee
vel ogsaa lidt bedre;
men mørke Dage jeg maatte see, og Storme rev
mine Fjedre.

Jeg vilde gjerne i Guds Natur med Frihed spændt
mine Vinger,
men sidder fast i mit snevre Buur; det allevegne
mig tvinger.

Jeg vilde gjerne fra höjen Sky udsendt de gladere
Sange,
men blive maa jeg for Kost og Ly, en stakkels
gjældbunden Fange.

Alligevel en Smule til Trøst jeg tidt ud af Fængslet
titter,
og sender stundom min Vemodsrøst med Længsel
gjennem mit Gitter.

Lyt og, o Vandrer! til denne Sang; lidt af Din Vej
Du hidtræde,
Gud veed, maaskee det er sidste Gang, Du hører
Livsfangen kvæde.

Mig bæres for som ret snart i Kvæld at Gitter-
værket vil briste;
thi kvidre vil jeg et ømt Farvel — maaskee det
bliver det sidste.

St. St. Blicher.

Sex Sonetter.
(Af Adam Homo.)

I.

Tidt naar jeg her gaaer om i Havens Gange,
hvor hvert et Træ staaer smykt paa Sommerviis,
hvor hver en Morgen til Vorherres Priis,
sig hæve höjt de glade Fuglesange;
tidt Tanken da paa Dig mig ta'er tilfange;
det er mig som jeg gik i Paradiis;
Alting er saa komplet, at til Forliis
af Herligheden selv jeg har en Slange.
Og Slangen er den Lyst, som vil mig friste
med Løftet, at tilbunds jeg skal Dig kjende,
hvis op for mig Dit svundne Liv Du lukked —
Sig, skulde vel mit Paradiis jeg miste,
og skulde vel min Herlighed faae Ende,
hvis Frugt af dette Kundskabstræ jeg plukked?

II.

Her følger Bogen som igaar Du sendte,
og som det andet Liv os vil forklare;

Forfatteren vil for et Gjensyn svare,
men evigt Samliv tør vi ej forvente.
En bedre Trøst dog længst mit Hjerte kjendte;
thi som i os vi Tankens Liv erfare,
hiin lette Fugls, hvis Vinger er saa snare,
hvis Stigen aldrig ender eller endte;
Saa fast sig vort Gemyt bestandig hænger,
thi Rod i andre Hjerter vil det fæste,
og som til Hvile det til Samliv trænger.
Den, som i os nu to Naturer blandte,
Han skabte vist sin Himmel paa det bedste
for Mennesket — paa engang Fugl og Plante.

III.

Hvergang vort Fremtidsliv jeg tænker paa,
omskinner Haabet mig, det morgenrøde;
i fælles Stræben seer jeg os at gløde,
jeg seer os snart at høste, snart at saae.
Bestandig rigere vi fremad gaae,
bestandig Livet nyt i os vi føde,
saa ile vi Fuldendelsen imøde,
til vi Lyksalighed i Hvilen naae.
O, er ej dette Haab dog meer end Dröm?
Til Sejr og Fremgang jeg Dig møde skulde,
thi hidtil var mit Liv en stille Ström.
Du tog mig op i Dig, Du stærke Flod!
forenede nu vore Bølger rulle
med större Kraft det store Hav imod.

IV.

Min Grund for kort at skrive vil Du høre.
Jeg kunde svare Dig, at lange Breve
tidt Lysten til at læse dem fordreve;
men her en anden Grund jeg vil anføre:
Saae Du Familier ud i Skoven kjøre?
De smaa Börn, som vil ogsaa gjerne leve,

128

men som i Husets Dør tilbage bleve,
med Bøn de søge Moderen at røre:
O, lad os op i Vognen blive baarne!
  o, tag os med! Mama til Svar da giver:
  «I er endnu for smaa og for uvorne».
Saadan af Tankepuslinger jeg plages;
  Enhver vil med, hvergang til Dig jeg skriver,
  men de maae voxe — de maae først opdrages.

V.

Du gav mig nok at tænke paa forleden.
  Du spurgte mig; hvordan det vel mig gik,
  naar pludselig Du andre Tanker fik,
  og tog for mig en anden Brud isteden.
Naar af dit Hjerte bortsvandt Kjærligheden
  med alle Draaber af dens Lædskedrik;
  naar med tilbagevendte, tunge Blik,
  jeg stod, berøvet Adam, for mit Eden?
Ak, hvis saa dybt mit Hoved her blev bøjet,
  hvis som en Piil, der farer frem med Hvinen,
  saa skarp en Smerte traf mit Bryst engang,
Da vilde det mig gaae som Violinen,
  der, sønderslagen, atter sammenföjet,
  en bedre Tone gie'r, men svag're Klang.

VI.

Hvad end Du angrer — i hvor stor en Gjæld
  til Gud og Mennesker, Du end maa være,
  o, lad ej denne Gjæld Din Sjæl besvære
  og staae som Skrækkebilled for dit Held!
Din Ejendom er ingen Bagatel,
  Du har en större Skat end Du kan bære,
  Du har endnu en Debitor, Du Kjære!
  en fattig Sjæl, mod hvem Du gjorde Vel.
Hvad Skat af Fryd og Lykke her i Livet
  har ikke gratis Du mit Hjerte givet!
  Hvad Rigdom deelte ej din Aand med mig!

Hvis derfor engang Regnskab skal opgjøres,
  lad frem med Dig din Skyldner da kun føres;
  med hvad Du gav, hun klare vil for Dig.

Fr. Paludan-Müller.

Da jeg var lille.

Der var en Tid, da jeg var meget lille,
min hele Krop var knap en Alen lang;
sødt, naar jeg denne tænker, Taarer trille,
og derfor tænker jeg den mangen Gang.

Jeg spøgte i min ømme Moders Arme
og sad tilhest paa Bedstefaders Knæ,
og kjendte Mismod, Uro, Grublen, Harme
saalidt som Penge, Græsk og Galathe.

Da syntes mig, vor Jord var meget mindre,
men og tillige meget mindre slem;
da saae jeg Stjernerne som Prikker tindre,
og ønskte Vinger for at fange dem.

Da saae jeg Maanen ned bag Øen glide,
og tænkte: gid jeg var paa Øen der,
saa kunde jeg dog rigtig faae at vide
hvoraf, hvor stor, hvor rund, hvor kjøn den er!

Da saae jeg undrende Guds Sol at dale
mod Vesten ned i Havets gyldne Skjød,
og dog om Morgnen tidlig atter male,
den hele Himmelegn i Østen rød.

Og tænkte paa den naadige Gud Fader,
som skabte mig og denne smukke Sol
og alle disse Himlens Perlerader,
som krandse Himmelbuen Pol til Pol.

Med barnlig Andagt bad min unge Læbe
den Bön, min fromme Moder lærte mig:

9

o, gode Gud, o lad mig altid stræbe
at blive viis og god og lyde Dig!

Saa bad jeg for min Fader og min Moder,
og for min Søster og den hele By,
og for ukjendte Konge og den Stodder,
der gik mig krum og sukkende forbi.

De svandt, de svandt, de blide Barndoms Dage,
min Rolighed, min Fryd med dem svandt hen;
jeg kun Erindringen har nu tilbage:
Gud lad mig aldrig, aldrig tabe den.

I. E. Baggesen.

Englenes Sang.

Enhver, der er vorden af Verden forladt,
bringe vi Trøst i den ensomme Nat.
Enhver, der Dagen over maa lide,
tør vi husvale ved Midnatstide.
Den Stund da Frelseren fødtes paa Jord,
fødtes en Trøst for den bitreste Smerte.
En Trøst for Den, der haaber og troer,
en Gjenlyd af de Saliges Chor
stiger da ned i Menneskets Hjerte.

H. Hertz.

Alene.

Du brune Hjort ved Træets Rod,
Du Skovens raske Springer!
Hvor fik Du saadant lystigt Mod,
saa klart et Blik, saa let en Fod,
som om Du havde Vinger?
Da knejste Hjorten, stolt i Sind,
med sine Takkers Grene.
«Det kommer af, jeg har en Hind,
men Du maa gaae din dunkle Vej alene.»

Du lille Fugl i Busken hist,
Du glade Foraarssanger!
Hvi hopper Du saa fro paa Kvist,
mens jeg mit muntre Sind har mist'
og aldrig mere fanger?
Fra Busken titted Fuglen ud
og sang bag Blad og Grene:
«Det kommer af, jeg har en Brud,
men Du maa gaae din dunkle Vej alene.»

I Bølger, som mod Stranden slaae
og lege med hverandre!
Hvorfor er I saa lyseblaae,
mens i mit Hjertes dybe Vraa
kun mørke Tanker vandre?
Da slog en Bølge frisk og glad
sit Skum mod Breddens Stene:
«Det kommer af, vi følges ad,
men Du maa gaae din dunkle Vej alene.»

Du Stjerne, som din Straale hvid
nedsender fra det Höje!
Hvi er din Glands ved Midnatstid
saa bævende, vemodig, blid,
som Taaren i et Öje?
Da lød det sagte for min Hu
fra Luft, i Toner rene:
«Det kommer af, at jeg som Du
maa altid gaae min dunkle Vej alene.»

C. Molbech.

Jeg troer paa Dig.

Jeg troer paa Dig i Livets lyse Morgen,
naar alle Skyer har et Rosenskær,
naar ej dit Hjerte tynges meer af Sorgen,
end Natteduggen tynger Skovens Træer,
og naar din Sjæl er Havets stille Flade,
hvori den spejler sig den unge Dag,

9*

og alle dine Tanker stige glade
mod Himlen med de glade Lærkers Slag.

Jeg troer paa Dig, naar Middagssolen brænder,
og Livets Luft er tung og lummerhed,
naar Kampens Alvor alle Sener spænder,
men Hjertet længes efter Ro og Fred,
naar Tordenen ruller og naar Lynet knitrer
og Sjælen smægter efter Taarers Bad,
naar Lidenskabens Magt i Nerven sitrer
og drager sammen eller skiller ad.

Jeg troer paa Dig, af Lykkens Vinge baaret
Og vugget af den lune Sommervind,
naar ingen Steen endnu din Fod har skaaret
og intet Savn forbitret har dit Sind;
naar hvad Du ønsker, af sig selv opfyldes,
naar hvad Du frygter, flygter for dit Fjed,
naar hvad Du seer, af Haabets Sol forgyldes,
og gode Engle vaage for din Fred.

Jeg troer paa Dig, naar Modgangstimen kommer,
og Sorgens Taare lejres om dit Blik,
naar Verdens kolde Blæst i Øret trommer,
og Hjertet vaander ved dens Naalestik;
naar Haabet svinder og naar Trøsten fattes,
naar smuldret styrter ned din Tillids Hvælv',
naar Modet synker og naar Kraften mattes,
og det er svært at holde paa sig selv.

Jeg troer paa Dig, naar Afskedsklokken kalder,
og paa din Kind Dødslilien springer ud,
naar kold og stiv din skjönne Støvdragt falder,
og Sjælen iler hjem igjen til Gud.
Jeg troer, da vil Du bede ved hans Throne
for alle dem, Du elskede paa Jord;
jeg troer, da vil en ny og liflig Tone
hensmelte i det store Englechor.

C. Ploug.

Polsk Sang.

Hvorfor svulmer Weichselfloden som et Heltebryst,
der i Døden knuses mod en vild, barbarisk Kyst?
Hvorfor klinger Bølgens Klage fra den sorte Grund
som en saaret Gangers sidste Suk i Dødens Stund?

Weichselfloden snoer sig langsomt under Krakaus
Muur,
stærke Skarer drog at bryde Ørnens Fangebuur,
Sværd og Lee paa Sletten blinked mellem Røg og
Damp,
ingen Stridsmand kom tilbage fra den vilde Kamp.

Derfor høre vi bestandig Suk fra Flodens Skød,
derfor risler den vemodig som en Drøm om Død,
derfor sørge Mark og Enge med den hvide Piil,
derfor tabte Polens Kvinder deres muntre Smiil.

Og ved Pigens Vugge stande de med Graad paa
Kind,
under Suk og Vemodssange slumrer Glutten ind;
men ved Drengens Vugge tænke de paa Kampens
Ørn —
under Sang om svunden Storhed slumre Polens
Børn.

C. Hauch.

Menneskets Engle.

To Engle smaa
os følge hvor vi gaae,
usynlig de paa vore Skuldre hvile.
Ved højre Kind
den Ene titter ind
i Sjæl og Öje, naar vi kjærligt smile.

Hver ærlig Id,
han skriver op med Flid,
hver Tanke god og from han tro bevarer.

134

Hvert Palmeblad
han strax forsegler glad,
med det ved Midnat han til Allah farer.

Med strænge Flid
paa hver uærlig Id,
og paa hver ufrom Tanke seer den Anden.
Ved venstre Kind
han seer i Øjet ind,
og læser Brødens dunkle Skrift paa Panden.

Hvad Ondt han saae,
han strax opskrive maa;
dog tøver han en Stund med Seglets Gjemme.
Raab til din Gud
og Englen sletter ud,
hvad angerfuld Du bad din Gud forglemme.

Men vender Du
før Midnat ej din Hu,
og Angerstaaren ej dit Öje væder, —
Dit Syndebrev
forsegler han, der skrev;
men — Englen paa din højre Skulder græder!

B. S. Ingemann.

Den hellige Veronika.

Til hine tunge, bitre Smertens Dage,
da Frelseren forfulgtes her paa Jord,
jeg fører Eder for en Stund tilbage —
o, gid Hans Aand maa hvile paa mit Ord!
O, naar jeg tænker paa den Haan og Plage,
Han udstod, før Han til sin Fader foer,
da vil min Tunge sig til Ganen klæbe,
og Ordet standser lydløst paa min Læbe.

Han rives bort; — i Støv og Stöj og Bulder
betræder Han den sidste Smertensvej.

De lægge Korset paa Hans hellige Skulder,
og under Byrden tavs Han vaander sig.
Ned ad hans Kind i store Draaber ruller
en blodig Sved, dog Folket ynkes ej.
Paa Issen brænde Solens stærke Luer,
og i det Fjerne Golgatha man skuer.

Han standser; overvældet af den svare
Tyngde, Han synker ned i maalløs Vee.
Da træder af den tætte Folkeskare
en Kvinde frem, heel ærbar, from at see,
og ydmyg, uden Frygt for Had og Fare,
en Svededug Ham rækker, hvid som Snee.
Med Dugen han de hede Kinder svalte
og gav den saa til hende, mens han talte:

«Naar Du sukker,
og dit Hjerte lukker
sig for Glæden,
som er til herneden,
skal Du trøstes
og din Sjæl forlystes
ved det Lin, min Smerte nu bedugger.

«Jeg har villet,
da dog Een formildet
har min Smerte
med et kjærligt Hjerte,
at Du, Rene!
og for Din Skyld ene,
fjerne Slægter arve skal mit Billed.

«Det skal minde
om, at kun en Kvinde
første, sidste
Kjærlighed mig viste;

naar Du farer
heden, kristne Skarer
skulle dyrke Dig som Helgeninde.

«Naar jeg tages
bort fra disse Dages
Daad, og fjerner
mig bag Himlens Stjerner,
skal det smile
ned med Trøst og Hvile,
hvor der lides Nød og hvor der klages.

«Det skal minde
Tiderne, som svinde,
naar de glemme
Ordet og min Stemme,
med mit milde
Öje om den Kilde,
hvor alene Frelsen er at finde!»

Han hæved atter blidelig sit Hoved
med Tornekronen, gik sin stille Gang;
men Kvinden laa paa Knæ, og höjt hun loved
den Herre med sit Hjertes fulde Klang.
Og Ingen at fornærme hende voved,
en hellig Frygt det ganske Folk betvang. —
Da fjerne Fjelde skjalv i Aftenrøden,
led Frelseren paa Korset Marterdøden.

Men Veronika folded ud sit Klæde —
Begejstrings Purpur farver hendes Kind;
thi se det Under, som er skeet! en Glæde
lig Englenes nedsteg i hendes Sind.
I denne Dug, som end hans Taarer væde,
er Herrens eget Billed trykket ind.
Det er Ham selv, livagtig som han vandred
paa Jorden, skjön og ung og uforandret.

Det er Hans Træk, de naaderige, milde,
det straalende, det evig klare Blik;
de gyldne Haar, der sig om Panden skille,
som Guddomsglorien i Fødslen fik.
Det er Hans Mund, fra hvilken Ordets Kilde
lig Sværd og Honning over Jorden gik, —
det er Hans Aand, som over Menigheden
nedsender Trøsten, Haabet, Himmelfreden.

P. L. Møller.

Morgensang.

Nu titte til hinanden de favre Blomster smaa,
de muntre Fugle kalde paa hverandre;
nu alle Jordens Børn deres Øjne opslaae,
og Sneglen med Huus paa Ryg vil vandre.

Den kjære Gud og Skaber den mindste Orm er nær,
Han føder Fugl og Markens Lilie klæder;
dog Menneskenes Børn har Han allermest kjær,
Gud aander paa Øjet, naar det græder.

Guds Søn var selv et Barn og paa Krybbestraa
han laa,
Hans Vugge stod paa Jord foruden Gænge;
men Himmeriges Fryd har han lovet de Smaa
og Blomster fra Paradisets Enge.

Guds Søn har os saa kjær, han er Børnevennen
stor,
Han bærer Barnet op til Gud paa Armen;
Han Storm og Hav betvang, da Han vandred paa
Jord,
men Børnene leged Ham ved Barmen.

O Du, som os velsigned og tog i Favn de Smaa,
en Morgen see vi Dig i Paradiset!
Du lærte os, til Gud vore Øjne opslaae,
evindelig være Du lovpriset.

B. S. Ingemann.

Aftensang.

I fjerne Kirketaarne hist
nu Aftenklokkerne ringe.
Snart sover liden Fugl paa Kvist
med Hovedet under Vinge.
Nu samles Frænder kjønt igjen
som Fugleunger paa Grene;
men Den, som har slet ingen Ven,
han sidder ved Kvæld alene.

Snart ruller ud den stille Nat
sit Skyggeflor over Himlen,
og Den, som sidder mest forladt
seer óp imod Stjernevrimlen;
og gjennem Himmelsløret ud,
der skinner Öjne fuldklare;
mild seer den kjære, store Gud
herned med sin Stjerneskare.

Han seer til sine Börn da vist,
Han seer til Höje og Ringe,
selv til den lille Fugl paa Kvist
med Hovedet under Vinge.
Til dem, som sove, seer han hen,
han vugger Fuglenes Grene;
og Den, som har slet ingen Ven
Han lader ej sidde ene.

Det Barn, der synes mest forladt,
Gud Fader selv vil bevare;
Han sender i den stille Nat
til Jorden sin Engleskare.
De sprede deres Vinger ud
naar alle Öjne sig lukke.
Selv vaager hele Verdens Gud
Ved Skabningens store Vugge.

B. S. Ingemann.

Den 7de Marts 1863.

Du Bretlands Brud! Velkommen hid fra «dejligst
Vang og Vænge»,
Velkommen og velsignet vær! O, gid Du længe,
længe
Maa nyde Livets bedste Fryd, hvor Du til Brud
blev kaaret,
Höjtelsket, from som i det Land, hvor Du blev
født og baaret.

Righoldig er den Gave Du til Englands Throne
bringer:
«Din Sjæl er mild, Dit Hjerte rigt, Din Barnetro
har Vinger».
Saa er Din Lov fra Hjemmets Borg, hvor de Dig
kjende nöje,
Og hvad i Hjertedybet boer, det tolker Smiil og
Öje.

Du kommer fra et dejligt Hjem, har der seet rige
Skatte,
Thi trofast, Fader, Moder jo Huuslivets Lykke
fatte;
Der har Du lært at elske varmt, at haabe, troe
og bede;
Höjbaarne Fyrste om den Skat usvigelig vil
frede!

Du vist vil længes, længes dybt — men Savn vil
Du ej kjende,
Thi Savn kan ikke fæste Bo, hvor tvende Hjerter
brænde
Af Ungdoms rene Kjærlighed, kun Stort og Ædelt
hylde,
Det hæver Sjælene til Ham, Alkjærlighedens
Fylde.

Dit Fødeland er stolt af Dig, og stolt af Dig med
Rette,
Thi Du forstaaer Dit höje Kald, veed Priis derpaa
at sætte;
Men og Du veed, at höjest Rang, det er ej Eng-
lands Throne,
Langt större Herlighed der er: at vinde Livsens
Krone.

Sin Yndlingsblomst Danfolket giver Brittefyrsten
gjerne,
Der fra Victorias fromme Hjem har samme Lede-
stjerne,
Og det for Bruden sætter höjest blandt alle Eng-
lands Goder,
At Landets ædle Dronning nu vil vorde hende
«Moder».

Maria Bojesen.

Sorgen.

Om den Dødeliges Vugge,
medens Natten alt er nær,
sværmer rundt med stille Sukke
Sorgernes den mørke Hær;
lette Taarer Öjet dugge,
for det første Smiil at dræbe,
Skriget ligger paa hans Læbe
med det første Morgenskær.

Og naar Barnets Tid er runden
og naar Ungdom er forbi,
og naar Ærens Krands er vunden,
fundet Elskovs Trylleri. —

Ak, naar Alting er forsvunden,
hvad der Livet kunde smykke;
gjemmer selv den døde Lykke,
Dødens Sorger indeni.

Fr. Paludan-Müller.

Dødsöjeblikket.

Hvad er det dog, som lyser? Det lutres for min
Sands!
Jeg føler Øjet briste i denne Straaleglands.
Mit Hoved mat sig bøjer for Kraften i min Aand,
og mildt om Hjertet løsne sig alle snevre Baand.
I Døden faae vi Vinger, det troe vi jo som Smaa!
Ja, Aanden den faaer Vinger, som Tankens overgaae!

I Stjernernes Systemer, i Midden paa vor Jord
jeg seer en Guddomsfylde, hvortil jeg ej har Ord;
en Evighed jeg skuer i Alt, selv i mit Bryst,
og alle Taager synke bag Jordens kjendte Kyst.
I mine Brødres Hjerter først nu jeg læser ret,
vel er vi Alle svage, men Ingen ganske slet.

O, kunde vi herneden saa klart i Andre see,
som i vort eget Indre, vi gjorde dem ej Vee.
I Hver jeg mig gjenkjender, i Store som i Smaa,
o, skal vi da i Døden hinanden først forstaae?
Jeg er saa let, saa salig, saa lutret i min Tro,
jeg føler Kamp og Stræben og dog en himmelsk Ro.

H. C. Andersen.

Døden.

Lykkens Sön med oprejst Pande
vandrer i de gyldne Sale;
Virakskyer rundtom blande
deres Duft med Folkets Tale.
Naar han harmfuld rynker Brynet

høres Sværd og Landse klinge,
naar han vinker, frem som Lynet
fare de mod Pandsrets Ringe.
Naar han smiler, Kampen tier,
Glædens muntre Melodier
flyve gjennem Harpens Strænge,
gaae som Solglands over Enge,
slynge sig som Blomsterkrandse
om hans Slot, hvor Piger dandse.
O, men just naar Glædens Tone
jubler höjest ved hans.Throne,
der en Lyd, en sagte, svæver
gjennem Salen, og han bæver,
han, den Mægtige, derved;
thi den hvisker: «snart skal dette
urofulde, trætte
Hjerte finde Fred.»

Sorgens Barn gaaer tavs, med böjet
Hoved, gjennem Livet ene;
tankefuld han vender Öjet,
tungt af Graad, mod Vejens Stene.
Folket for hans Ansigt flyer,
skrækket af de mørke Miner,
Glædens Sol bag dunkle Skyer
skjuler sig, naar frem han triner.
Fra de klart oplyste Sale
lyder Sang og munter Tale;
men for Sorgens dybe Sukke
sig de gyldne Døre lukke,
og dens Barn maa ene gange
gjennem Nætterne de lange.
O, men frem af Mørket bryder
da et Dæmningsskær: der lyder
klare, milde Fuglesange,
og de svæve til den bange

Sjæl som Harpetoner ned,
hviske sagte: «snart skal dette
længselsfulde, trætte
Hjerte finde Fred.»

Chr. Molbech

Lær mig!

Lær mig, o Skov, at visne glad,
som seent i Høst dit gule Blad,
et bedre Foraar kommer;
der grønt mit Træ skal herligt staae,
og sine dybe Rødder slaae
i Evighedens Sommer!

Lær mig, o lille Trækfugl, Du,
at svinge mig med frejdig Hu
til ubekjendte Strande!
Naar Alt er Vinter her og Iis,
da skal et evigt Paradiis
mig hisset aabent stande.

Lær mig, Du lette Sommerfugl,
at sønderbryde tunge Skjul,
som nu min Frihed tvinger!
En Orm jeg kryber end paa Jord,
snart flyve højt med lette Flor,
de gyldne Purpurvinger.

Du som fra Skyen smiler hist,
min Herre, Frelser, Jesu Krist,
lær mig at tvinge Sorgen.
Sving for mig Haabets grønne Flag,
Langfredag var en bitter Dag,
men skjøn var Paaskemorgen.

A. Oehlenschlæger.

144

Ved en lille Piges Baare.

Vi vil saa gjerne, ja vi skal og maae
Os knytte fast til disse kjære Smaae,
og mens de leve, vi med David bede,
at ved vor Haand de vevre hoppe maae,
til de bli'er store og til vi bli'er smaae,
saa de os kan til Sovekamret lede.
Men naar saa Hjertet holder op at slaae,
da vi med David ogsaa froe opstaae,
ej deres Ro de Salige misunde,
ej græde dem tilbage, om vi kunde.
O, det er herligt, naar hos Gud vi har
en Ven saa kjær at længes stadig efter;
o Hjertesaar, livsaligt er Dit Ar,
og underfulde ere Dine Kræfter.

N. F. S. Grundtvig.

Trøstens Bud.

Du bange Sjæl, hør Trøstens Bud
hvor underfuldt det lyder:
Gak hen og kast din Sorg paa Gud,
naar Verden Dig forskyder!
Forstaaer Du dette Budskab ej
og famler om iblinde;
lad Troen føre Dig paa Vej,
o, Gud er let at finde!

Gak frem med Bön for Himlens Port,
bank paa med Hjertesukket,
om Skyen end er nok saa sort,
er Himlen dog ej lukket;
om Storm og Lyn brød frem med Magt
og vilde Vejen spærre,
Dig skærmer dog Guds Englevagt,
Han er en venlig Herre.

Forstaaer Du ej, Du bange Sind,
hvorledes Du skal tale,
naar Trøsteren har ført Dig ind
i höje Himmelsale?
En ydmyg Hu vil Herren see,
Han Troens Ord vil høre,
det fromme Suk: Din Villie skee!
er lifligt for Hans Øre.

Bring dette med til Naadens Borg,
hvad Smerte Du maa lide,
saa tager Han din Hjertesorg
og lægger den tilside;
saa skikker Han Dig trøstet ned,
saa tier al din Klage.
Hans Himmelbud, Taalmodighed,
gjør Følgeskab tilbage.

C. Boye.

Historical Biographies.
(Historiske Levnetsbeskrivelser.)

Thyra Danebod.

„Dronning Thyra rejste Volden,
Dannevirke kaldt.
som har mangen Tørning holden,
før den slet forfaldt.
„Leddet," sagde Dronning Thyre,
„har vi hængt; Gud Vangen hyre,
at den ingen Fremmed bryder,
eller Hofbud byder."

Ja, „Leddet var kommen af Lave", det Led,
der skulde værne „Danmark, dejligst Vang og
Vænge" imod fremmed Overgreb; det mærkede
Dronning Thyra, og hun mærkede tillige, at der
behøvedes en stærkere Slaa, end den lave Vold,
Kong Godefred havde opført som Lukke for Riget
imod Karl den Store, til at holde de Godtfolk Syd
paa ude, og derfor overtog hun sig det hæderlige
Arbejde at faae en större og stærkere Muur bragt
istand, hvorved den gamle Vold benyttedes som
Udenværk.

Dannevirke er siden bleven forstærket af Valde-
mar den Store og flere af de efterfølgende Konger,
og i Efteraaret 1850 udbedredes atter den gamle
Grændsevold, hvis Betydning Slaget ved Slesvig,
(Paaskemorgen 1848) havde viist. Værket blev
da forsynet med Udenværker og Brystværn.

Ganske snild var den Maade, paa hvilken Dron-
ning Thyra skaffede sig Frist og Penge til at

bygge Volden op, og den er vel værd at fortælle
tilligemed en kort Skildring af hendes Liv.

Da Kong Gorm, med Tilnavn den Gamle,
Knud den Stores Oldefader, bejlede til Thyra,
— en Datterdatter af Harald Klak, den første
Hersker i Norden, der blev kristnet — var han
langt ud over Ungdomsaarene, hun derimod kun
17 Aar gammel; dertil var hun almindelig kjendt
for sin Dejlighed, Kløgt, Fromhed og Ynde. Hun
blev en sand Velsignelse for Danmark, og erhver-
vede sig det skjönne Tilnavn af Dannebod: de
Danskes Trøst; thi da den gamle Hedninge-
drot, der var grum og haard, var en sand Kristen-
fjende, lod han mange Mennesker slaae ihjel
til Ære for sine Afguder; kun Thyra forstod at
mildne hans Sind, og frelste derved mange Ulykke-
liges Liv. Ogsaa afvendte hun ved sin kloge Ind-
sigtsfuldhed Dyrtid i Landet, thi dersom hun ikke
havde ladet bygge Kornhuse, vilde det have seet
sørgeligt ud.

Efterat Kong Gorm havde faaet Danmarks
spredte Landsdele samlet, vaagede han ikke til-
børlig over dem, og derfor var det jo ikke saa
underligt, at Landet kom til at svare Skat til Tydsk-
land, der var en mægtigere Stat. Men saa fandt
den tydske Kejser ogsaa paa, at han vilde have
Dronning Thyra til Kone, og sendte nogle for-
nemme Mænd ind i Landet med rige Gaver, som
de skulde bringe hende, og tillige den Hilsen fra
ham i Løndom, „at hun var altfor smuk og klog
til at være en gammel, dorsk Konges Hustru, og
at det sømmede sig bedre for hende at sidde paa
en Kejserthrone, end at være Skattedronning i et
lille Rige."

Naturligviis blev den danske Dronning hjerte-
vred over denne uforskammede Hilsen, men hun
lod sig ikke mærke dermed; tvertimod gjorde hun
gode Miner til slet Spil og sagde blot: at den

10*

Ting var saa vigtig, at hun maatte have Tid og
Ro til at overtænke den. Men de tydske Herrer
havde faaet Befaling af Kejseren, at de skulde
skynde sig hjem igjen, og derfor fik hun kun Be-
tænkningstid til næste Dag. Til bestemt Tid kom
de for at hente Svar, og hun var da meget ven-
lig imod dem, lod som om hun gjerne vilde gaae
ind paa Kejserens Forlangende, men gav dem til-
lige at forstaae, at det vilde blive vanskeligt for
hende at komme afsted, uden at Nogen mærkede
Uraad. Fremfor Alt maatte hun have Penge til
at klare for sig med, og derfor maatte Kejseren
finde sig i, at hun ikke kunde komme før om tre
Aar, i hvilken Tid han saa maatte eftergive hende
den Skat, Danmark var vant til at svare ham.

Glad blev Kejseren, da han hørte, at Thyra
var villig til at komme, og Sendebudene maatte
strax til Danmark igjen for at sige hende, „at
Alt hvad hun havde forlangt, kunde gjerne skee,
men hun maatte lade ham faae tolv Sønner af Lan-
dets ypperste Mænd, der skulde blive i hans Værge
indtil hun kom selv, for at han kunde være vis
paa, hun ikke vilde bryde Pagten." Disse rejste
da til Tydskland med de Udsendte.

Dronningen havde naturligviis slet ikke isinde
at rejse fra sit Land, sin Mand og sine Börn for
at blive Kejserinde, og hun fik derfor travlt til-
gavns da de fremmede Herrer vare borte. Hun
lod Iilbud udgaae over hele Landet, at Alle og
Enhver, baade Rige og Fattige, Gamle og Unge,
Höje og Lave, skulde komme til hende i Nærheden
af Slesvig. Der fortalte hun dem da om Kejserens
Hilsen og om hendes Svar, samt forestillede de
Forsamlede, at de maatte vise Tydskerne, at danske
Mænd ikke længer vare tilsinds at betale dem
for at holde Fred, og meddeelte dem sin Plan
med opmuntrende Ord, omtrent saaledes:

— — — — — — — —
— — — — — — — —

„I som staae for Danmarks Styre
fatter frejdigt Mod!
Gabet kan vi vel tillukke,
saa vi ej os lade plukke
af hver fremmed Løbeskytte,
der faaer Lyst til Bytte.

Fra Moradset vest ved Strande
til Møsund i Sli,
vil en Vold vi vel bemande
med en snever Sti.
Om Forlov skal Hvermand bede,
hvis han agter ind at træde;
nødig skal han atter fare
hjem med stjaalne Vare."

Og saa toge da Alle fat med egne Hænder.
Ingen blev fri uden smaa Börn og meget gamle
Folk; de Halvvoxne maatte arbejde med, og Dron-
ningen havde selv Opsyn med Arbejdet, hvorfor
hun og lod sig bygge en Bolig paa Stedet. Da
tre Aar vare forløbne, stod den höje Muur færdig
og fuldendt, opført at Tømmer, Jord og Stene, og
kun med een Gjennemkørselsport. Dertil var
der adskillige faste Borge, den ene hundrede Favne
fra den anden, og foran Muren var der imod Syd
en to Favne bred Grav. Foruden Floderne sikrede
ogsaa de mange Søer og Moradser, der fandtes
sammesteds, den oprejste Vold, thi der hvor der
nu er frugtbare Landskaber, var der fordum store
Skove, Moser og Hede, og disse strakte sig fra
Egernfjord til Slien og derfra til Tren-
floden, som falder i Ejderen.
Det var imidlertid ikke langt fra, at Dronning
Thyra var bleven forstyrret i sit Arbejde og hin-
dret fra at fuldføre det. Thi da de to Aar vare

forløbne af den tilstaaede Frist, fik Kejseren Nys
om den store Bygning, hun lod opføre, og sendte
nogle Mænd til Danmark, der paa en snild Maade
skulde faae at vide, hvorledes det forholdt sig
med dette Byggeforetagende, og om hun var til-
sinds at bryde Overeenskomsten. At han ikke
tidligere havde hørt derom, var underligt nok, men
kom naturligviis deraf, at Folk dengang ikke vare
saa rede til at rejse udenlands som nutildags, og
at der ingen Aviser udgik, som kunde fortælle
Nyheder; det var derfor kun lejlighedsviis, at
slige store Foretagender bleve kjendte og omtalte.

Dronningens Snildhed frelste imidlertid hendes
store Plan. Først hørte hun rolig paa Sende-
budene, og da de derpaa havde udtalt, lod hun
som om hun blev meget forundret over Kejserens
Frygt og svarede, at hun kunde ikke forstaae,
hvorledes en saa klog og mægtig Fyrste kunde
falde paa at troe, at en Kvinde kunde udtænke
dybe Planer. »Det var da en ligefrem Ting,« til-
føjede hun, »at da den eneste Vej til og fra Dan-
mark gik igjennem en bred Slette, maatte hun
sörge for at rejse en Muur, for derved at slaae
en Bom, saa at Enhver, der vilde frem og tilbage,
kunde blive stoppet i den snevre Port. Kejseren
kunde da nok tænke sig, at naar hun rejste over
til Tydskland, vilde alle Danske blive forbitrede,
og i en Hast samle en Hær for at sætte efter
hende, men saa kunde den Vold, der nu var bygget,
standse dem.«

De tydske Udsendte kunde ikke noksom be-
undre den snilde Dronning, og vendte glade hjem
til deres Herre med den Underretning, de havde
faaet. Ogsaa Kejseren blev beroliget ved hendes
Svar, og det faldt ham aldeles ikke ind, at han
kunde blive ført bag Lyset af en dansk Kvinde.

De tre Aar vare altsaa omme, og Dannevirke
var færdig. Kejseren sendte til den fastsatte Tid

en heel Skare fornemme Krigere ind i Landet for
at tage imod Dronningen, og disse opsloge deres
Lejr ved Ejderen, medens nogle af de mest Ind-
viede gik til Borgen for at faae hende itale. Dette
naaede de ogsaa, men ikke under fire Öjne som
de ønskede; der var tvertimod mange Gange fire
Öjne tilstede, thi hun havde ladet Rigets vise
Mænd kalde sammen, og i deres Paahør sagde
hun til Tydskerne: „at hun afviste Kejserens Til-
bud og afskyede hans Forlangende, og at han paa
ingen Maade maatte troe, at hun vilde bringe
Skam og Skændsel over sig selv og over hele det
danske Folk. Iøvrigt kunde det jo ogsaa være
Kejseren ligegyldigt, om hendes Mand var lad og
uvirksom eller ej, hun skulde nok hjelpe ham at
skytte Landet. Og nu kunde Herrerne rejse hjem
igjen og sige deres Herre Tak for de Penge, han
havde ladet hende bygge Dannevirke op for, men
tillige bringe ham den Hilsen, at han i Fremtiden
ikke skulde ulejlige sig med at sende Bud efter
Skat, thi de Danske vilde ikke længer staae under
Tydskernes Aag."

Et Öjeblik stode de fremmede Herrer som
lynslagne ved dette uventede Svar; derpaa skyndte
de sig tilbage til de andre Krigere, der ikke kunde
forstaae, hvorfor de kom saa hovedkulds igjen.
Efter at have lagt Raad op sammen, bleve de
enige om, at de tolv Gidsler skulde døe, og de
toge strax Livet af dem. Dette var ikke andet
end hvad Dronning Thyra havde ventet, men af
to Onder var det da bedre at ofre nogle faa
Mennesker, end at bringe et heelt Folk under
Trælleaag.

Iblandt de mange Træk i Thyra Danebods
Liv, der vidne om, at hun var baade klog og from,
og det höje men vanskelige Kald værdig, at bane
Vej for Korset i et mørkt Land, hvor hendes
Konge og Ægtefælle selv var en af de vildeste

Hedninger, ville vi blot nævne det vovelige Fore-
tagende, at udfrie en Skare Kristne, der vare dømte
til en piinlig Død, ved at vildlede de af Gorm
udsendte Krigsfolk og give Fangerne Lejlighed
til at undslippe, og dernæst fortælle, paa hvilken
snild Maade hun vidste at meddele sin Ægtefælle
Sønnens Død, uden at udsætte sig for den Straf,
han havde truet Overbringeren af et saadant Døds-
budskab med.

Gorm og Thyra havde to Sønner: Knud og
Harald. Skjøndt Harald hyldede Faderens Lære,
Knud derimod heldte til Kristendommen, var denne
dog Faderens erklærede Yndling, og den gamle
Konge havde svoret, at dersom Guderne tog den
Søn fra ham, skulde Overbringeren af Dødsbud-
skabet, hvem det saa end monne være, miste Livet.
En Tid efter drog Knud — der havde det Tilnavn
„Danaast" det er „de Danskes Lyst," fordi han
var en fager og modig Yngling — efter de Tiders
Skik ud paa Hærtog og kom til England, hvor
han blev ihjelskudt af en Piil, da han engang
badede sig ved Kysten. Ingen turde melde Kon-
gen, at hans Søn var død; der gik en Tid inden
han kom til Kundskab derom, men omsider var
det nødvendigt, at han fik det at vide. Dronningen
lod da Væggene i Spisesalen overtrække med
Sorgens Farve, iførte sig Sørgedragt, bad alle
Hoffolkene og Tyendet at gjøre det samme, og paa-
lagde dem, at være aldeles tavse under Spisetiden.
Saasnart Kongen havde sat sig tilbords, blev han
opmærksom paa al den Sorg og Stilhed, der fandt
Sted omkring ham, og spurgte: „hvi er Alt saa
sort? hvi tie alle Munde?" „Herre!" svarede
Thyra efter et Öjebliks Betænkning, „I havde
tvende Falke, den Ene hvid, den Anden graa.
Den hvide flöj langt bort, hen over øde Marker,
og da den engang sad i et Træ, kom mange
Fugle og plukkede Fjerene af den, saa at den nu

er ganske tilintetgjort; den graa derimod er kommen tilbage og vedbliver at fange og dræbe Fugle til Eders Bord."

Gorm følte öjeblikkelig hvortil Dronningen sigtede, thi han udbrød: „min Sön Knud er vist død, siden hele Danmark sörger!"

„Det siger I, Herre! og ikke jeg, men sand er denne Tidende," svarede den snilde Dronning, der maatte kue Moderfølelsen og skjule sin egen Smerte, for at forebringe Ægtefællen den Sorg, hun vidste, vilde ramme ham dybt. Den gamle Konge blev ogsaa saa overvældet af den mørke Tidende, at han maatte lade sig lede bort fra Bordet for at gaae tilsengs, og döde et Par Dage efter.

Det var paa Jellingegaard ved Vejle, at Kongeparret opholdt sig, da Gorm modtog dette Dødsbudskab, thi den Borg var hans kjæreste Kongesæde; og nogle af de mærkeligste Oldtidsminder i Danmark, det er „Jellingestenene" ved Gorms og Thyras Gravhöje. Imellem de store Kæmpehöje hæver Landsbykirken sig; den nordlige Höj er Thyras Hvilested, den sydlige Gorms. I Dronningens var tidligere en herlig Kilde, der nu er udtörret, og en 11 Fod höj Runesteen, der nu staaer ved Kirkens Fod, knejsede der. „Der er en Skrift paa den, som Ingen kan læse, uden at han staaer paa Hovedet og har gaaet i den sorte Skole," siger Sagnet, men Oldgrandskere have dog udtolket Runerne, der fortælle, «at Gorms og Thyras Sön, Kong Harald, lod sætte den Steen over sine Forældre.«

Eleonore Kristine Ulfeldt.

I Maribo Kirke paa Lolland ligger en af Danmarks fortrinligste og mest höjhjertede Kvinder begraven; det er Kongedatteren Eleonore Kristine, Kristian den Fjerdes kjæreste Barn, den beklagelige Ulfeldts trofaste Ægtefælle.

«Nøgen jeg til Verden kom,
nøgen fra den er min Dom.
Herren gav og Herren tog,
Herren lægte, Herren slog;
lovet være Herrens Navn,
som Alt föjed til mit Gavn,
hannem falder jeg i Favn.»

Saaledes sang hun endnu efter at have gjennemgaaet de mange Lidelser, Sorger og Krænkelser, hendes Livshistorie vidner om, og vi ville her dvæle nogle Öjeblikke ved Mindet om hende, ved de Forviklinger, under hvilke hun sørgede, de Lidelser, af hvilke hun hjemsøgtes, og de Kampe, i hvilke hun sejrede.

Anna Kathrine af Brandenborg, Kristian den Fjerdes Dronning, døde i Foraaret 1612. Tre Aar efter lod Kongen sig vie ved venstre Haand til Kristine Munk, en fornem Adelsfrøken, og det blev bestemt, at hun ikke skulde kaldes Dronning, og hendes Börn ikke have Adkomst til Riget, men iøvrigt ansees for hvad de og vare, Kongens lovmæssige Børn. Fem Sønner og otte Døtre bleve fødte i dette Ægteskab; den navnkundigste af dem Alle blev Eleonore Kristine, født 1621 paa Frederiksborg Slot.

Alt fra de tidligste Barndomsaar aflagde hun Vidnesbyrd om ualmindelige Aandsevner, og da hun ved enhver Lejlighed viste stor Lærelyst og lagde megen Flid for Dagen, blev hun snart den

kongelige Faders erklærede Yndling. Syv Aar
gammel blev hun forlovet med Korfits Ulfeldt, der
var Kongens Kammerjunker, af højbaaren Slægt,
og besvogret med de mest ansete Familier. I hen-
des tolvte Aar bejlede en tydsk Fyrste til hende,
Frants Albert af Sachsen, og hendes Forældre
raadede og tilskyndede hende til dette Ægteskab,
fordi det var anseligere end Forbindelsen med
Ulfeldt, men Eleonore Kristine var ikke at formaae
til at bryde sit Løfte; og med samme Trofasthed,
hvormed Barnet hængte ved den Mand, der havde
faaet Løfte om hendes Haand i de gyldne Dage,
fulgte den ædle, højtprøvede Viv sin Ægtefælle i
de mørke, uvejrsvangre Tider, der fra meer end
een Side forbitrede deres Tilværelse, uden at for-
styrre deres lykkelige Samliv.

Da hun var femten Aar gammel, blev hun viet
til Ulfeldt, der dengang var Statholder i Kjøben-
havn, og tilmed en højtbegavet, snild og kundskabs-
rig Mand. Saasnart han havde faaet Eleonore Kri-
stine til Hustru, efterkom han hendes Ønske, at ud-
vikle hendes Aandsevner end mere, end skeet var,
og især deshed at lære hende Musik og fremmede
Sprog, i hvilke han, der var 17 Aar ældre end hun,
var ualmindelig dygtig. Disse Læretimer, i hvilke
hun fattede Alt med utrolig Lethed, vare hendes
kjæreste og skjønneste Timer, vidner hun selv, og
hendes Ægtefælle skaffede de stor Tilfredsstillelse
og Glæde. Hun erhvervede sig et paa de Tider
ganske ualmindeligt Kjendskab til Sprog, skrev og
talte Italiensk, Fransk, Tydsk, Latin og Spansk,
var meget musikkyndig, havde en smuk Stemme,
beskæftigede sig meget med Digtekunsten, og for-
stod at udtrykke sine Tanker med Klarhed og
Lethed.

Saalænge Kristian den Fjerde levede, gik det
Ulfeldt godt, og han blev med Rette anseet for den
mægtigste og mest betroede Mand i Riget. Men

156

aldrig saasnart var den faderlige Konge død, og
Frederik den Tredie valgt til Hersker, før hans
Lykkestjerne dalede, rigtignok ikke uden egen
Brøde.

Kronprinds Kristian var død Aaret før den
gamle Konge; den yngre Søn af det første Ægte-
skab, Hertug Frederik, var endnu ikke bleven
hyldet, og der opstod Tvistigheder ved Konge-
valget. Ulfeldt blev mistænkt for at forhale den
kongeløse Tid, for, om muligt, selv at komme til
Roret; men da Adelen fik Tanke herom, under-
støttede den Hertug Frederik, som den dog langt
hellere saae paa Thronen end den myndige Rigs-
raad, og Prindsen blev hyldet i Juli 1648. Men
Frederik den Tredie maatte indgaae en meget haard
Haandfæstning, og Mistanken for at Hænderne bleve
snørede saa fast paa ham, faldt atter paa Ulfeldt,
der strax kom paa en spændt Fod med den nye
Konge.

Aaret efter sin Thronbestigelse viste Kong Fre-
derik sin Svoger den Tillid, at sende ham som Ge-
sandt til Holland, med hvilken Stat Herskeren gjerne
vilde fornye Venskab. Paa Grund af sine store
Talegaver og sit Bekjendtskab i Holland, hvor han
havde været Gesandt under Kristian den Fjerde,
blev Ulfeldt anseet som særdeles vel skikket til
denne Post; men den danske Regjering var ikke
tilfreds med Udfaldet af hans Sendelse, deels fordi
han handlede noget egenraadig, deels fordi han
talte med stor Dristighed om sin egen Myndighed
ligeoverfor den kongelige Magt, hvilket snart igjen
blev bragt til Hove, naturligviis med Tilsætninger.
Da han nu ved sin Tilbagekomst blev modtagen
med iöjnefaldende Kulde af Kongen og Dronnin-
gen, og mærkede, at Kong Frederik var fast bestemt
paa, at faae den Magt og Anseelse svækket, Kri-
stine Munks Børn og navnlig Rigshofmesteren havde
nydt, holdt han sig ganske borte fra Hoffet, under

det Foregivende, at han ikke befandt sig vel. Hans Hustru, der alt fra det første Bekjendskab af var kommen paa en spændt Fod med Dronning Sofie Amalie, mest fordi hun ikke kunde indordne sig de bestaaende Forhold og vinde en herskesyg Svigerinde, der saae skævt til hendes større Aands-udvikling og mangesidige Kundskaber, rettede sig aldeles efter sin Mand og deelte Anskuelser med ham.

Da Kong Kristian i sine ældre Aar blev vred paa Kristine Munk af en meget gyldig Grund, mi-stede hun sin Titel «Grevinde af Slesvig-Holsteen» og blev kun kaldet «Fru Kirstine til Boller» efter det Sted hun var forviist til; men da den kongeligeÆgte-fælle tog hende til Naade igjen, blev det atter til-ladt hende at føre ovennævnte Titel, som og Bör-nene, der stedse havde været Faderen kjære. Frede-rik den Tredie og Sofie Amalie nægtede imidler-tid strax fra Begyndelsen af at kalde dem saaledes, og dette blev Eleonore Kristine höjlig fornærmet over, som og over, at det blev forbudt hende saa-velsom hendes Søstre at kjøre lige ind paa Slottet, som de vare vante til fra deres Barndom af; det blev betydet dem, at de ligesom andre adelige Per-soner maatte stige af Vognen udenfor. Og hvad der endmere forøgede hendes og hendes Ægtefæl-les Uvilje imod de kongelige Slægtninge, det var den Skygge, der blev kastet over Ulfeldts Rede-lighed, som hidtil aldrig var dragen i Tvivl, og heller ikke burde betvivles.

Sofie Amalies Unaade eller rettere Had imod Eleonore Kristine forøgedes ved en tilsyneladende ringe Begivenhed, der imidlertid var stor nok til, at Dronningen aldrig glemte den, og uværdig pe-gede hen paa den i de Nødens og Trængslens Dage, hun vistnok meer end nogen Anden frem-kaldte og forlængede for sin nære Slægtning.

Ulfeldts Hustru rejste nogle Dage før Sofie

Amalies Kroning igjennem en lille By, nogle Mile
fra Kjøbenhavn, hvor den Kunstner boede, der
havde Kongesmykket under Arbejde. Hun fik Lyst
til at see det, besøgte Kunstneren og bad ham vise
sig Dronningens Krone, som hun derpaa satte paa
Hovedet for at see, hvorledes den vel kunde tage
sig ud. Men uheldigviis tabte hun den paa Gulvet,
og ved Faldet gik en kostbar Steen itu, der var
indfattet i den. Kunstneren, der havde begaaet
en Uforsigtighed ved at vise Klenodiet frem, og
en endnu större ved at tillade Nogen at smykke
sig med det, valgte i sin store Knibe den kloge
Udvej, at betroe sig öjeblikkelig til Kongen selv.
Frederik den Tredie, der gjerne vilde undgaae et
Brud med Familien Ulfeldt, og dertil var ikke
lidt bange for «de huuslige Ubehageligheder», bad
Kunstneren at fortie Uheldet og raade Bod
paa Skaden saa godt som han kunde. Imidlertid
fik Dronningen Nys derom og blev höjlig fortørnet.

Det spændte Forhold imellem Hoffet og Ulfeldt
mindskedes ikke; og to Aar efter Frederik den Tre-
dies Regjeringstiltrædelse indtraf den bekjendte Hi-
storie med Dina, der satte Kronen paa Værket.

Dina Vinhøfer var et letsindigt Fruentimmer,
der lod sig underkjøbe af Ulfeldts mægtige Fjen-
der til at udbrede det Rygte, «at Hofmesteren og
hans Frue tænkte paa intet mindre, end at tage
Kongen af Dage ved Gift.» Hun var naturligviis
ikke alene om at udbrede den Historie, men det
er næsten ufatteligt, at Nogen kunde fæste saa
megen Lid til en saadan Persons Ord, at de end-
og vovede at forebringe Kongen dem. Ufred,
Strid og hadefulde Følelser var det eneste Udbytte
af denne uhyggelige Historie. Kongen vilde Intet
gjøre ved Sagen, fordi han ikke troede den, men
Ulfeldt, hvem den naturligviis kom for Øre, for-
langte den undersøgt. Dina blev fængslet, og
efter mange Modsigelser og falske Forklaringer,

dömt fra Livet. Oberst Walter, en af Hoveddeel-
tagerne i Opspindet, blev forviist, og alle Beskyld-
ningerne bleve erklærede for falske og usande
Bagvadskelser, der i ingen Henseende skulde mind-
ske Hofmesterens Anseelse.

Men Ulfeldt var utilfreds og misfornöjet, skjöndt
Kongen havde skaffet ham al mulig Fyldestgjørelse.
Han fattede derfor den ulykkelige Plan, i al Stil-
hed at forlade Danmark med Hustru og Børn;
denne Plan iværksatte han, og det saa hemmelig, at
Ingen vidste Noget om den, førend den blev med-
deelt, deels fra Helsingør, hvorfra han sejlede bort,
deels fra Holland, hvor han havde begivet sig hen.
Dette var Grundstenen til den sörgelige Skæbne,
der blev ham og hans Nærmeste tildeel; men fra
denne Tid af træder ogsaa Eleonore Kristine frem
som et Mønster paa en trofast Ægtefælle,
en hengiven, altopofrende Hustru.

Saavel Kongen og Rigsraadet som den offent-
lige Stemme vendte sig imod Korfits Ulfeldt. Hans
Værdighed og Titel som Rigshofmester bleve fra-
tagne ham, som og flere store Indtægter, der vare
tilstaaede ham og hans Börn. Harmfuld herover
forlod han Holland, hvor han ikke troede sig sikker,
og drog til Sverrig, skjöndt Danmark stod paa en
spændt Fod med dette Land. Der søgte han om
Beskyttelse hos den regjerende Dronning, Kristine,
Datter af den store Gustav Adolf, og fik den,
uagtet hun havde lovet Kong Frederik ved den
danske Gesandt i Stokholm, at hun ikke vilde til-
staae den flygtende Rigshofmester Noget, för hun
fik Kongens Mening at høre. Hun indrömmede
ikke alene Alt, hvad Ulfeldt søgte om, men viste
saa stor Imødekommen, at intet regjerende Fyrste-
huus kunde have Grund til at vente större, hvor
ivrig end den danske Gesandt søgte at forklare
Dronningen, at hendes Adfærd var stridende imod
Forbundet imellem de to Lande.

Fra den Tid af voxte Ulfeldt nedad, sørgeligt nedad, thi han traadte fjendtlig op imod sit Fædreland, lod sig af Hovmod og saaret Stolthed forlede til Handlinger, der plettede hans hidtil højtagtede og ansete Familienavn, og bragte Ulykke, Haan og Kvide over en trofast Hustru og en talrig Børneflok. Hvad der ganske fordærvede hans Sag, var et Skrift han udgav og kaldte »nødtrængende Æres Forsvar;« thi i dette talede han haardt om Kongen og Rigsraadet, og klagede over, at han havde maattet forlade Danmark, fordi der ikke længer var Lov og Ret i Landet.

Omsider bestemte den ustadige, lunefulde Dronning Kristine sig til at nedlægge Regjeringen; men för hun trak sig tilbage, vilde hun gjerne udvirke Tilgivelse hos Kong Frederik for sin Yndling, Korfits Ulfeldt. Frederik den Tredie lovede at tage ham til Naade, naar han vilde tilbagekalde sine Klager om lidt Uret og dernæst bede om Tilgivelse for sin Adfærd. »Det bekvemmer Hofmesteren sig aldrig til,« skrev Kristine, og søgte at udvirke ubetinget Naade for ham.

Kong Frederik lod svare, »at en Undersaat, der var rejst ud af Landet uden sin Konges Tilladelse, som udgav fornærmelige Skrifter imod sin Landsherre og sit Fødeland, endog i flere Sprog, og dertil havde viist Uredelighed med en stor Pengesum, han havde havt at ordne, fortjente vistnok baade sin Konges Unaade og at hans Gods var bleven inddraget.»

Den Sigtelse for Underslæb, Kongen tydede hen til, forklarede Gesandten derpaa at være fra Ulfeldts Gesandtskab i Holland, under hvilket Frederik den Tredie havde overdraget ham at tilstille den landflygtige Konge af England 24,000 Rbd., som den engelske Konge erklærede, »ikke at have faaet.« Dronning Kristines Tillid til Ulfeldt var saa stor, at hun svarede Gesandten ivrig: »Ulfeldt er en ærlig Mand; jeg staaer inde for ham.

Dersom han siger, at han har sendt Pengene til
Kongen af England, saa troer jeg ham; og hvis
Kongen af England nægter det, og tolv saadanne
Konger vidne derimod, saa siger jeg, at de lyve.
Vil Kongen af Danmark ikke give Ulfeldt sine
Midler igjen, saa skal jeg see ham saameget til-
gode, at han ikke skal fortryde, han har ansøgt
om min Beskyttelse.«

»Det staaer Eders Majestæt frit for at give
Ulfeldt det Halve af Eders Rige, om Eder saa
behager«, svarede Gesandten, »men min Konge
holder ham ikke destomindre, og det med Rette,
for en æreløs Mand.«

Dronning Kristine havde imidlertid Ret med
Hensyn til Ulfeldt, for saavidt, at han virkelig ikke
havde viist Uredelighed med ovennævnte Sum,
som han tildeels havde betalt med Krigsvaaben;
men det var baade Danmarks og Englands Her-
skere paa den Tid uvidende om, thi den General,
med hvem han havde afgjort Sagen, var død i
Skotland, og Kvitteringen var ved en tilfældig
Omstændighed ikke kommen Kong Frederik ihænde.

Det var jo ganske naturligt, at Frederik den
Tredie, Karl Stuarts Fætter, ikke var vel stemt
imod den nye Regjering i England, eller imod
dette Lands Styrer, Oliver Cromwell, og der-
for heller ikke sluttede Forbund med England,
men med Holland i de Tvistigheder, der fandt
Sted imellem disse to Lande. Dette tog Kristine
Danmark meget ilde op, fordi hun vilde gaae med
England og have Danmark med, og da hun ikke
kunde opnaae dette, truede hun med at paaføre
Landet Krig.

Den Efterfølger, hun valgte til Sverrigs Throne,
var Karl Gustav, som hun lod indkalde fra
Tydskland et Par Aar før sin Thronafsigelse, hvor-
efter han blev kaldet »Prinds af Sverrig.« Hvor
lidet han end billigede de fleste af Dronning Kri-

11

stines Handlinger, vare de dog enige i det Punkt, at beskytte og forsvare Korfits Ulfeldt. Ogsaa Karl Gustav bad Frederik den Tredie om, at den flygtede Stormand maatte faae alt sit Gods tilbage; men denne Anmodning blev afslaaet, og Ulfeldt søgte derpaa at ophidse den svenske Konge imod sit Fødeland, en sort og forræderisk Handling, der aldrig kan undskyldes eller besmykkes, om han end var bleven nok saa forurettet og fortrædiget i Danmark. Det faldt ham heller ikke vanskeligt at faae den stridslystne, haardføre Konge til at gaae ind paa sine Planer, og derved bleve 1657 —58 og —59 Ulykkens og Prøvelsens Aar for Danmark, der nødtvungen maatte laane Svensken Huus, indtil Fjendtlighederne standsede ved Freden i Roeskilde, til saa liden Baade for Danmark, at en af Landets gamle, trofaste Mænd, der skulde underskrive Fredsbetingelserne, havde Ret da han sagde: »Jeg vilde ønske, at jeg ikke kunde skrive!«

Korfits Ulfeldt havde af Frederik den Tredies Godhed faaet størstedelen af sit Gods tilbage, og taget Bo med sin Familie i Malmø, der ved Freden var afstaaet til Sverrig. Men da Krigen atter brød ud imellem de to Naboriger, mistænkte Karl Gustav ham for at staae i hemmelig Underhandling med Danmark og lagde Sag an imod ham. Ulfeldt mødte imidlertid ikke selv for Retten, da han blev indkaldt, under Paaskud af, at han var bleven rørt af et Slagtilfælde; men hans Hustru mødte paa hans Vegne, og hun talte hans Forsvar med saa megen Fynd, saadant Snille og saadan Veltalenhed, at han blev frikjendt af den svenske Regjering. Hans Lykkestjerne svigtede ham imidlertid her, og han kom ikke til at nyde Godt af Frifindelsen, fordi han undveg hemmelig fra Malmø, för den kom til hans Kundskab, og flygtede til Kjøbenhavn, hvor Alle gjorde store Öjne ved

at see den farlige og troløse Mand, paa en Tid,
der ikke var skikket til at modtage ham med
Glæde, thi han viste sig netop i de Dage, da
Enevoldsmagtens Indførelse blev ordnet.
Den utidige Flugt fra Malmø kunde Korfits
Ulfeldt nærmest takke sin trædske Svoger og
mangeaarige Fjende, Hannibal Sehested, for;
thi da denne fik at vide, at hans bortflygtede
Frændes Sager stode saa godt, frygtede han for,
at han skulde komme til sin forrige Ære og
Værdighed i Danmark, og for at dette ikke skulde
skee, rejste han til Stokholm for, som han foregav,
at tale Svogerens Sag, bad om og erholdt Tilla-
delse til at overbringe Frifindelsesbrevet, men
indbildte de engelske og franske Gesandter, da
han havde faaet Fingre i Brevet, at hans Svoger
vilde blive domfældt, idet han bad dem meddele
ham dette skriftlig snarest mulig, for at han kunde
redde sig ved Flugten. Da var det, Ulfeldt søgte
at undvige, slap nogle vrinske Heste løs i Stalden
for bedre at iværksætte sin Flugt, og medens Vagten
ilede efter dem, satte han over til Kjøbenhavn i
en lille Baad, fulgt af Eleonore Kristine; men nu
havde han fordærvet sine Sager baade i Danmark
og Sverrig.
Da hans Nærværelse ikke kunde være ønske-
lig i Kjøbenhavn ved den forestaaende Regjerings-
forandring, bleve baade han og hans Hustru sendte
til Hammershuus paa Bornholm. I ni Maane-
der sade de der samlede, men da forsøgte Ulfeldt
at undvige, og de bleve skilte ad. En Oberst
ved Navn Fuchs var Kommandant sammesteds;
en Mand, hvis Adfærd minder om Hudson Lowes
imod den store Napoleon, under dennes Fangen-
skab paa St. Helena; thi ligesom hiin Englænder
tog han langt strængere Forholdsregler, end der
var betegnet ham, og plagede ikke sjeldent de Fangne
med sin paatvungne Nærværelse. Det kom oftere

11*

til Sammenstød imellem ham og Eleonore Kristine, der fandt Opholdet paa Øen langt utaalelige end Ulfeldt, som foragtede at gjengjælde hans Drillerier, men nok desværre rugede over den Hævn, som Fuchs's bratte Død bærer Vidne om.

Det var en Hjertesorg for de to Ægtefolk, at leve adskilte paa Øen; men heldigviis laante Frederik den Tredie Øre til deres Klager over Fuchs, og sendte Grev Rantzau til Øen for at undersøge hans Adfærd imod dem. Ved denne Adelsmands Tilbagekomst fik Kongen at vide, at de virkelig bleve behandlede paa en Maade, der aldrig var tilsigtet af ham, og viste derfor den Mildhed, at love dem Friheden, saasnart Ulfeldt vilde forpligte sig til, »aldrig at foretage sig Noget, der kunde være stridende imod den Ærbødighed, han skyldte sin Landsherre, ikke at rejse ud af Landet uden Tilladelse, og ikke gaae i fremmed Tjeneste.«

Ulfeldt raadførte sig med sin Hustru, för han gav noget Løfte, og Eleonore Kristine svarede: »I Modgang er det let at foragte Døden, men Den er stærkere, som kan bære Ulykken,« og han bestemte sig derpaa til at gjøre ydmyg Afbigt for Kongen, og, efter Opfordring, afstaae til Kronen det Gods, han ejede i Sjælland.

Imidlertid var Enevoldsmagten indført i Danmark og derved meget forandret, som han mindre end nogen Anden kunde finde sig i. Han fandt Alt kuende og nedtrykkende, og tænkte blot paa at slippe bort igjen. Da hans Helbred var bleven svækket ved de mange Livskampe, han havde gjennemgaaet, udbad han sig Tilladelse af Kongen til at rejse til Badet i Achen med sin Familie, og denne Bøn blev ham strax tilstaaet. Men istedenfor at rejse til Achen, drog han til Amsterdam, uagtet hans Hustru bad ham meget om at afstaae fra dette Forsæt; og Opholdet i Holland blev tilvisse beklageligt!

Hans gamle Fjende, Kommandanten fra Bornholm, opholdt sig i Brügges, hvor han ved höjlys Dag blev gjennemboret af en Dolk, idet han kjørte igjennem Gaden, og Den, der førte Dolken, var Kristian Ulfeldt, Korfits Ulfeldts ældste Sön, som Faderen havde didkaldt fra Paris. Ved en skyndsom Flugt undgik Morderen at blive paagreben, og gik siden i Kloster. Dernæst maatte Ulfeldt strax efter Ankomsten til Holland skilles fra sin trofaste Viv, der rejste til England for at hæve nogle Penge, han havde laant Karl den Anden, dengang denne var landflygtig og trængende, og de gjensaae aldrig hinanden i denne Verden; og for at sætte Kronen paa al deres Ulykke, forledte Ulfeldts Ærgjerrighed ham atter til at lægge Planer imod sit Fødeland og sin Landsherre, ved at opmuntre Kurfyrsten af Brandenborg til at gribe efter den danske Krone, en Tilskyndelse, som Kurfyrsten, der var Danmarks Ven, strax meddeelte Frederik den Tredie. Efter denne ubesindige og utaknemmelige Færd blev Ulfeldt dömt fra Ære, Liv og Gods, og da han intetsteds var at finde, thi fra den Tid af maatte han leve landflygtig og skjult, blev Dommen udført paa hans Billede, og en stor Priis udsat paa hans Hoved; Halvdelen deraf paa hans Lig.

Imidlertid levede han i Basel under et fremmed Navn, som sine Sönners Hovmester. Da han ikke længer troede sig sikker der, bestemte han at rejse hemmelig bort; syg paa Sjæl og Legeme gik han en sildig Aftenstund ombord for at sætte over Rhinen, men neppe to Miil fra Land fik han en heftig Feberrystelse og döde undervejs, 60 Aar gammel. Hans Lig blev først bragt til et Kloster i Nærheden, og derpaa begravede hans Sönner ham hemmelig under et Træ.

Saaledes var denne höjtstaaende Mands sidste Levedage! Han, der fra sin tidligste Barndom af

var bekjendt for Lærdom, Skarpsindighed og Vel-
talenhed, der opnaaede den höjeste Anseelse, en
Undersaat kan nyde, der af Alle, Fremmede saa-
velsom Indfødte blev kaldet Landets første Adels-
mand og Ridder, der fik den store Kristians kjæ-
reste Datter tilægte, saa at Alt, hvad Verden kan
frembyde af Hæder, Lykke og Glimmer, faldt i
hans Lod, han maatte døe landsforviist i et fjernt
Land med et brændemærket Navn, en Skræk for
alle trofaste Undersaatter.

Og Eleonore Kristine? Ja, hendes tro-
faste Kjærlighed mildnede ikke den Landflygtiges
sidste Stund ved sin Nærværelse, men hun takkede
Gud i sit mørke Fængsel, da hun vidste, at han
havde udstridt; thi, takket være Karl den Andens
lidet kongelige Maade af betale Gjæld paa, et
langt og forsmædeligt Fængselsliv blev hendes Lod!

Med al Forekommenhed og Velvillie blev
Kristian den Fjerdes Datter modtagen af den en-
gelske Konge, der vedkjendte sig sin Gjældsfor-
pligtelse og erklærede, at hun kunde være rolig
og tryg i hans Lande, skjöndt Rygtet om Ulfeldts
forræderiske Anslag havde udbredt sig overalt,
og Kong Frederik havde skrevet til Europas
Konger for at faae den farlige Mand udleveret.
Men hemmelig lod Kong Karl den danske Gesandt
vide, at det stod ham frit for at bemægtige sig
hendes Person, og at han skulde give ham Lejlig-
hed dertil ved at formaae hende til at spadsere
udenfor Fæstningen; og, trods det givne Ord og
Tilsagn, blev hun ført som Fange til Kjøbenhavn.

»Forfølgelser fulgte min salig Herre, jeg fulgte
ham, og derfor fulgte Lidelser mig,« siger Eleo-
nore Kristine med megen Sandhed i sin Levnets-
beskrivelse. Efter Ankomsten til Hovedstaden
blev hun strax ført til Dronning Sofie Amalie,
der lod hende behandle yderst uværdig, viste hende
haanende Modtagelse, lod en Kammerpige afføre
hende de kostbare Klæder, hun bar, og atter iføre

hende en grov Kjole, samt fratog hende alle de Kostbarheder og Smykker, hun ejede. Derpaa blev Kristian den Fjerdes Datter endnu samme Dag, ført til »Blaataarn«, et Fængsel i Kjøbenhavn, og der sad hun i 23 sørgelige Aar, og led meget Ondt baade paa Sjæl og Legeme. Iførstningen var hun hele Maaneder uden Lys i det mørke Rum, der ingen anden Lysning havde, end et lille Vindue i Loftet, der maatte aabnes, for at den Fangne ikke skulde kvæles af Røg, thi der var intet Rør paa Kakkelovnen. Hun havde ingen Kniv til Brug, men maatte hjælpe sig med et Stykke Been, og det blev hende ikke tilladt at faae Bøger, Pen og Papir, saalidt som Naal og Traad. Udenfor Fængslet var der Vagt, der skulde hindre Enhversomhelst fra at komme ind til hende, og selv i det uhyggelige Fangerum maatte hun ikke være ene, thi en fremmed Kvinde, der blev kaldet hendes Opvarterske, fik det Paabud, aldrig at gaae bort fra hende; dette paatvungne Selskab var næsten det bitreste af Alt for den forfulgte Kongedatter.

Foruden Fangenskab, Haardhed og legemlige Smerter led hun meget ved Uvisheden om sine Börns Skjæbne. Hun vidste kun, at de vankede fremmede og forladte om i den vide Verden, og hun vidste, at deres Fader, forfulgt og hjertebrudt som han havde været i sine sidste Leveaar, hverken havde været istand til at skaffe dem Venner eller Virken. »Af en Taaresæd bliver ofte en Glædeshøst«, saaledes gik det ogsaa med Eleonore Kristine; thi Spiren til den Gudsfrygt og Hengivelse, der siden styrkede og opretholdt den haardtprøvede Kvinde, fik en glædelig Fremvæxt, da hun ved Ægtefællens Død under saa sørgelige Omstændigheder lærte at böje sig under Herrens vældige Haand.

I Fængslet søgte Kongedatteren, der savnede al Omgang, Bøger og Samtaler, at fordrive Tiden

saa godt det kunde skee, blottet for alle Hjælpe-
midler som hun var. Efter Dronningens Bydende
maatte hun ikke beskæftige sig, men hun fandt
dog paa Midler til at mildne sin Kjedsomhed, thi
af de Spaanpinde, hun fandt omkring sig, dannede
hun en lille Væv og vævede Baand, til hvilke hun
fik Traadene ved at optrævle nogle Silkestrømper.

> «Og Lampen tidt udslukte hun,
> den harske Tran at spare;
> til Slutteren ved Morgenstund
> hun falbød den som Vare.
> Og hendes List var ej omsonst,
> han Kjøbet ej forsmaaede,
> saa fik hun til Baldyrekonst
> en Naal og Silketraade.»

Og denne Naal og Traad brugte hun til at
udkaste et Billede af sin store Fader, for ved det
at formaae Kronprinds Kristian til at tale hendes
Sag hos Frederik den Tredie, eller rettere, hos
den uforsonlige Sofie Amalie. Billedet var ikke
alene udarbejdet med overordentlig Kunst og An-
strængelse, men ogsaa den afdøde Konge meget
ligt; dog den stakkels Fange opnaaede Intet derved.
En anden Maade, paa hvilken hun søgte at
virke for sin Udfrielse af Fængslet var ved et
Bæger, som hun med stor Møje og Flid dannede
af noget Leer, Mureren havde glemt, da han satte
Ovnen op. I dette Bæger, der hvilede paa tre
Knapper, ridsede hun i Leret Figurer og Billeder
med en lille Træpind, saa at det var saa smukt
som om det var dannet af en øvet Kunstners Haand,
og i Bunden nogle Linier, hvori hun bad Kong
Frederik at skænke hende Friheden eller idetmindste
mildne hendes Tilstand. Ved en gunstig Lejlighed,
der ikke var let at finde, thi det var paa det
strængeste forbudt Alle og Enhver at gaae i For-
bøn for hende, eller blot at nævne hendes Navn,

fik hun det til Kongen, der engang spurgte Slots-
fogden, hvad hun tog sig for. «Hun gjør Bægere,»
svarede denne, hvorpaa Kongen ytrede Lyst til
at see et saadant. Da han nu opmærksomt be-
tragtede det, der blev tilstillet ham, fik han Öje
paa de Ord, der stode i Bunden. »Hun er klo-
gere end Du,« sagde han til Slotsfogden; men
hendes Livsforhold bleve uforandrede saalænge
Frederik den Tredie levede, thi han havde maattet
love sin strænge Dronning, aldrig at mildne hendes
Fangenskab.

Frederik den Tredie døde 1670, men Eleo-
nore Kristine blev ikke fri, thi Sofie Amalie var
endnu ilive, og hun beherskede Sönnen som hun
havde behersket Ægtefællen. Charlotte Amalie,
Kristian den Femtes Dronning, følte derimod hjerte-
lig Medlidenhed med hende, og hun opnaaede ved
enkelte Lejligheder at skaffe hende nogen Lindring.
Denne milde Kvinde kunde hun takke for, at hun
fik Bøger, Pen og Papir, til stor Husvalelse for
hendes rige Aand, og visse Indkomster, som hun
kunde anvende efter Godtbefindende, saa og et
större Vindue og en Vindovn, hvorved hun blev
forskaanet for Røg.

Efter at hun havde faaet Lov til at benytte
Pen og Blæk, skrev hun flere aandelige Sange, i
hvilke der udtaler sig et troende Hjertes Taalmod
under Lidelser, samt en levende Erkjendelse af,
at det var hende godt, hun blev elendig, og det
Haab, at Gud for Kristi Skyld ikke vilde gaae
irette med sin gjældbundne Tjenerinde.

Enkedronning Sofie Amalie døde 1685, og
samme Aar aabnedes omsider Fængselsdören for
den Kvinde, der havde lært saa Meget i sit tid-
ligere glimrende Liv, havde erfaret saa Meget i sin
bevægede Ægtestand, og i den mörke Fængselsvraa
havde lært og erfaret langt mere end tidligere i
den tillokkende, fristende og kvalfulde Verden;
thi hun havde lært at eftertænke de jordiske Tings

Forkrænkelighed, og at holde sig fast til den Herre, der, selv naar han revser, er en kjærlig Fader. Derfor kunde hun efter et langt Livs Hjemsögelser og Prövelser, af et troende Hjerte ende sin Levnetsbeskrivelse med de Ord: »Herre! havde Dit Ord ikke været min Tröst, saa var jeg forgaaet i min Elendighed!»

Men som en ung, frejdig, i Kraft og Skjönhed straalende Kvinde var Eleonore Kristine Ulfeldt bleven sat i Statsfængslet »Blaataarn«, som en gammel Kone med hvide Haar og furede Træk traadte hun atter ud i Verden. Af det lange, kummerfulde Liv, og det indesluttede Rum i hendes Kammer var hendes tidligere skarpe Syn blevet saa svækket, at hun ikke kunde see længere ud, end den korte Afstand, Fængslets Mure havde tilladt hende. Men kun det legemlige Lys var svækket, Sjælens og Aandens skinnede med end större Glands.

Efter sin Udfrielse af Fængslet fik hun en bekvem og hyggelig Bolig (i Maribo paa Lolland), og derhen kom snart, efter hendes Anmodning, hendes ældste Datter, der levede i Brüssel som Enke. Tretten lykkelige Aar henlevede Moder og Datter sammen, tilfredse og glade ved hinandens Selskab, kjærlige og velgjörende imod Trængende. Tiden udfyldte de deels med Læsning og skriftlige Arbejder, deels ved kvindelige Sysler eller ved at dreje smaa Kunstsager og væve kostelige Töjer. Paa et Alterklæde, som Eleonore Kristine forærede til Maribo Klosterkirke findes fölgende Ord:

»Ej Noget synes tungt for ægte Kjærlighed,
Trofasthed er den Dyd, man ej bör blues ved«.

Den 16de Marts 1698 kaldte Gud den trætte, haardtprövede Korsdragerinde ind til Frihedens rette Hjem.

Peter Griffenfeldt.

«Han af Mørket rask opsteg
baaren frem af egne Kræfter;
Hoben trindt tilside veg,
undred sig og stirred efter.
Ak, men over golde Kyster,
han sin ædle Frugt nedryster.»

Peter Griffenfeldts Familienavn var Schu-
macher. Hans Fader var Viinhandler i Kjøben-
havn, og Peter Schumacher, der blev født 1635, viste
fra sin tidligste Barndom ualmindelige Anlæg. End-
nu før han fyldte 13 Aar var han Student, og i en
Alder af 16 Aar tog han Embedsexamen, hvorpaa
han nogle Uger efter holdt sin Prøveprædiken.
Men foruden Theologi havde han ogsaa lagt sig
efter Sprog, og det blev almindelig antaget, at han
ikke alene i levende Sprog men ogsaa i øster-
landske, søgte sin Lige.

Paa denne Tid døde hans Fader og efterlod
sin Familie i meget trange Kaar; det vilde derfor
have seet tarveligt ud for den unge Videnskabs-
mand, dersom han ikke havde fundet en Velynder
i den lærde Biskop Brochmand, der tog ham i sit
Huus og lagde Grunden til hans fremtidige Stor-
hed ved at anbefale ham til Kong Frederik den
Tredie, der var en særdeles Ven og Velynder af
Videnskaber og Videnskabsmænd. Den unge Schu-
macher fik strax Tilsagn om at maatte rejse uden-
lands for kongelig Regning i tre Aar, efterat
Biskoppen havde udtalt sig for Monarken om hans
sjeldne Aandsgaver og ualmindelige Dygtighed, med
Tilføjende, at han vilde blive en særdeles brugbar
Mand, dersom han kunde komme til at uddanne
sig ved fremmede Höjskoler og Hoffer.

I en Alder af 18 Aar tiltraadte Peter Schu-

macher sin Udenlandsrejse, paa hvilken han søgte at
drage störst mulig Nytte af det Meget, der fremstillede
sig for hans Blik; men ved sin Hjemkomst fandt
han ogsaa meget forandret i Danmark. Enevolds-
magten var indført, Biskop Brochmand var død, og
det var ham ikke muligt at faae Kongen itale.
Ogsaa varede det længe, för han kunde finde en
passende Stilling, men omsider blev han Privat-
sekretær hos Kantsleren, og denne Post var det,
han skyldte sin paafølgende Höjhed; thi efter at
han havde været der et Par Aarstid, sendte Kants-
leren ham under en Sygdom til Kongen, for at
overbringe et Udkast, angaaende en Forhandling
med en fremmed Magt. Schumacher blev glad ved
at høre, han skulde besörge dette Ærinde, og be-
stemte strax, at han vilde see at faae Kongen selv
itale, og ikke afgive Brevet til en Hofmand. Dette
opnaaede han ogsaa, og blev staaende indenfor
Dören som for at vente Svar; da han derpaa saae, at
Kongen, efter at have gjennemlæst Skrivelsen,
kastede den misfornöjet bort, og gik frem og til-
bage ad Gulvet uden at tale et Ord, traadte han
frem og sagde, at han var den Person, paa hvem
Majestæten havde kastet sin Naade i Biskop Broch-
mands Huus, og tilstaaet Understøttelse til Uddan-
nelse i Videnskaber og Statssager, for at han kunde
blive brugbar til Kongens og Landets Tjeneste.
    Kong Frederiks Opmærksomhed blev vakt ved
den smukke, frejdige Ynglings dristige Fremtræ-
den; han gjorde ham nogle Spørgsmaal, og Schu-
macher, der forstod at föje sine Ord godt, svarede
med Klogskab og til Kongens Tilfredshed. Der-
paa blev han dristigere og bad, at det maatte til-
lades ham at kjende Brevets Indhold, »maaskee han
kunde være saa heldig at træffe Kongens Tanker.«
Han fik denne Tilladelse, og tillige den, at han
maatte fjerne sig for at nedskrive sine Betænkninger.

Længe før Kongen ventede det, bragte han sin
Afhandling, som Frederik den Tredie gjennemlæste
med Forbavselse og Glæde. »Rigtig, min Søn!
rigtig, det er saaledes, vi ville have det,« udbrød han,
og fra det Ojeblik af, var Schumachers Lykke gjort.

Først blev han Kongens Bibliothekar, men
inden mange Aar var han Gehejmekabinetssekre-
tær, og som Kongens indsigtsfulde og fortrolige
Raadgiver, der forstod at føre sin Pen, anbetroet
at forfatte Kongeloven, der var et Mønster paa
Skarpsindighed, Tydelighed og Klarhed.

Men i Februar 1670 blev Frederik den Tredie
pludselig syg, og to Dage efter var han død. Paa
sin Sotteseng anbefalede han sin begavede Ynd-
ling til Thronarvingen, Prinds Kristian, roste hans
sjeldne Kløgt og Dygtighed, og tilföjede: »gjør en
stor Mand af ham — men gjør det langsomt!« Det
første efterkom den unge Konge, men det sidste
glemte han, saa at Griffenfeldts farlige Fjender,
Ærgjerrighed og Hovmod, fik rigelig Lejlighed
til at udfolde sig. Misundelse og Nid fulgte natur-
ligviis Storheden i Hælene; da hans Anseelse voxte
ved Giftermaal med en ung og rig Arving af
anseet Familie, voxte ogsaa hans Fjenders Mis-
undelse, og ikke længe efter Kristian den Femtes
Kroning, blev Schumacher ophöjet i Adelstanden,
til Sorg for hans Moder, der med Ængstelse fulgte
Sönnens hurtige Opadstigen. Som Adelsmand fik
han Navnet Griffenfeldt, og hans Broder,
Albert Schumacher, der ligeledes blev adlet, kom
til at hedde Gyldensparre.

Hvad der med Rette bebrejdes Griffenfeldt, det
er hans Medvirken til at nære den pragtsyge Kri-
stian den Femtes Lyst til, i det lille Danmark at
ville efterligne Ludvig den Fjortendes glim-
rende Hof, og at han fremkaldte Rangsyge ved at
skabe Titler og Ordener i Overflod. Men han

styrede Rigets Sager med en Dygtighed og Klog-
skab, der altid vil finde Anerkjendelse, ligesom
han derved erhvervede sig Höjagtelse og Beundring
hos Datidens Folkeslag og Fyrster. Kong Kristian
tyede altid til ham for at finde Raad og Hjælp,
og Statsmanden maatte ofte tænke og handle for
den nydelsessyge Hersker. Men Misundelsen for-
øgedes, da han var bleven Greve og Storkantsler,
og hans Hovmod og Vilkaarlighed bidroge naturlig-
viis ikke til at mindske den.

Griffenfeldt var altsaa, da han stod paa Lyk-
kens og Ærens höjeste Top, Kongens første Mand
og en af Evropas største Statsmænd. Men de
klare Solskinsdage fik en Ende, og alt i Aaret
1672 begyndte Ulykke og Sorg at hjemsøge ham,
thi da mistede han sin unge Hustru, hvis Død han
tog sig meget nær, og hans Misundere og Avinds-
mænd lode ham i det samme Aar flere Gange for-
staae, at de vare lysvaagne. Hans Anseelse var saa
stor, at der et Par Aar efter blev tænkt paa en For-
bindelse imellem ham og en Prindsesse af den konge-
lige Slægt, en Ære han selv viste sig temmelig
ligegyldig ved, fordi han, efter Sigende, var mere
tilböjelig til at ægte en fransk Dame af höj Byrd,
der levede ved Dronningens Hof, Prindsessen af
Tremouille.

Ærgjerrighed, Hovmod, og stor Uforsigtighed
i al hans Færd kronede hans Avindsmænds Be-
stræbelser med et ønskeligt Udfald, og fremkaldte
hans ligesaa uventede som uværdige Fængsling i
Marts 1676.

Griffenfeldt kom den Dag til Slottet tidlig om
Morgenen som han plejede, udenat ane den Skjæbne,
der ventede ham. Ved Foden af Slotstrappen
mødte han en fornem Officeer, der spurgte, hvor
Greven agtede sig hen? »Til Kongen!« svarede
Kantsleren kort, og vilde gaae videre, men Gene-

ralen spærrede ham Vejen med sin Kaarde, og
bød ham i Kongens Navn at forföje sig til Bibliothe-
ket. Höjlig forbavset svarede Griffenfeldt: »hvis
det er Kongens Ordre, saa maa jeg adlyde,« og
blev derpaa ført til det samme Værelse, der havde
været det første Trin til hans Ophöjelse, og nu
blev det første, der saac hans Fornedrelse.
Medens han tilbragte den hele Dag i Bog-
værelset, blev hans Huus undersøgt, hans Breve
og Papirer forseglede, hans Tjenere fængslede.
Han kjendte ikke Aarsagen til sit Fald og kunde
ikke faae den at vide, men det vidste han, at hans
Fjender havde sejret, og at han var falden i Uaaade.
Henimod Aften blev han bragt til Kastellet og
overgivet Kommandanten som Statsfange. Der
sad han i lang Tid, modfalden og forstemt, uden
at Nogen fik Lov til at komme til ham, og uden
at faae Pen og Blæk, som han gjentagne Gange
bad om, for at tilskrive Kongen og bevise sin
Uskyldighed. Der blev anlagt Sag imod ham for
Höjforræderi, hans Kaarde og Ordener bleve fra-
tagne ham, og en Kommission nedsat for at dömme
hans Færd. Klagepunkterne gik naturligviis ud paa,
at han havde misbrugt Kongens Tillid og handlet
utilbørligen med Landets Sager, men mange af
Punkterne vare usande, og endnu flere ubeviislige.
»Naar Vognen hælder, skyde Alle efter,«
siger et gammelt Ordsprog, og Sandheden heraf
fik Griffenfeldt at føle, thi ikke saasnart var hans
Myndighedstid tilende, för der blev tillagt ham
mangen ond Tanke og mangen afskyelig Plan,
han aldrig havde næret.
Omsider fik han Papir, Pen og Blæk for at
affatte sit Forsvarsskrift; men hvor indstændig han
end bad om at blive stillet for Kongen, skete dette
dog ikke. Hans mange Uvenner sörgede for, at
denne Bön blev nægtet ham, og at Kongens Hjerte

176

saa ganske vendte sig fra ham, at han underskrev
den haarde Dødsdom: »at han skulde for-
stødes af Adelstanden, hans Navn og
Minde tilintetgjöres, hans Vaaben, Hjelm
og Skjold sønderbrydes af Bøddelen, hans
Gods og Formue inddrages, og han selv,
Peter Griffenfeldt, da atter Peter Schu-
macher, overgives til Skarpretteren, for
at hans Hoved kunde blive afhugget.«
Der var Mange, som gik til Kongen for at
bede om Naade for den faldne Statsmand; Dron-
ningen selv tog sig af hans Sag; men Kristian
den Femte var og blev ubönhørlig. »Retten skulde
have sin Gang,« svarede han Dronningen, og
samme Svar fik den Fængsledes Moder, da hun
omsider fik Adgang til ham med sin lille Sönnedatter.
Efter Sigende var Kongen mest forbit-
ret paa Griffenfeldt, fordi han havde skrevet i en
Almanak, der fandtes ved Undersøgelsen i hans
Hjem, »at Majestæten havde en Dag talt i Rigs-
raadet som et Barn.«
To Dage för den til Dødsdommens Fuldbyr-
delse bestemte Dag, nedskrev den Domfældte med
sin Diamantring et Vers paa en af Ruderne, der
tydede paa, at han havde faaet Blik for, at om
end Alt glipper i Livet, bliver Gud dog trofast.
Det lød saaledes:

«Da Verden mig blev vred, jeg lærte først at kjende
for Alvor ret min Gud, mig selv, min Ven, min
Fjende.
Min Fjende var mig grum, min Ven var svigefuld,
jeg selv var skrøbelig, Gud blev alene huld.»

Det var et afskyeligt, et vanærende Skuespil,
der blev opført, da den domfældte Mand blev ført

til Retterstedet for at lide en simpel Forbryders
og Morders skrækkelige Død. Alle Forberedelser
vare trufne, Ligkisten stod ved Siden, Bøddelen
havde sønderbrudt hans Vaabenskjold og Kaarde,
og løftet Sværdet for at bibringe det dødelige
Hug, da en Stemme raabte: »Hold inde! Kongen
har af Naade skænket ham Livet.« Det var Kon-
gens Adjudant, der bragte dette Budskab, men
bragte det, efter Kristian den Femtes udtrykkelige
Vilje, ikke førend den Ulykkelige havde udstaaet
Dødsangstens Kval og Lidelse. Da Schumacher
hørte, at Kongens Naade lød paa livsvarigt Fæng-
sel, udbrød han: «denne Naade er haardere end
selve Døden!» og bad, at han hellere maatte tjene
som Soldat sin hele Levetid; men denne Bøn blev
afslaaet. Mere død end levende blev han bragt
tilbage til Fængslet og maatte strax aarelades.

Saaledes var denne store, misundte og alt-
formaaende Mands Skjæbne! Han, der nys havde
været omgiven af al Jordens Ære og Herlighed,
og stod i Magt og Höjhed Landets Styrer nærmest,
maatte nu, efter at have knælet for Bøddelens
blanke Sværd, prise sig lykkelig ved at beholde
Livet, leve i et lille Fængselskammer, og vide
sig given til Priis for ond Spot og hadefuld Omtale.

Da han havde siddet fire Aar i Kastellet, hvor
han efter Dronningens Forbön blev behandlet og
plejet godt, blev han pludselig ført til den kolde
og øde Klippefæstning «Munkholm,« ved Trondhjem,
fordi Kristian den Femte begyndte at savne hans
Indsigtsfuldhed, og hans Fjender frygtede, at han
atter vilde komme til Roret.

Utilbørlig stræng, ja nedværdigende, var den
Behandling, der udvistes imod den evnerige, for-
tjenstfulde Mand, men vist er det til samme Tid,
at Opholdet paa den fjerne Klippeø virkede vel-
gjørende paa ham. Der i de stille, ensomme Dage,

12

178

fik han Öjnene op for de jordiske Tings Ubestandighed, og for Vigtigheden af at rette sine Tanker
imod det ene Fornødne. Biblen blev snart hans
kjæreste Bog, og han afskrev med Kul paa Væggen, med sin Ring paa Vinduesruderne, med Søm
paa Bjælkerne, mangfoldige Bibelsprog, der passede
paa ham og hans Tilstand. Hans Fjender bleve
urolige, og fik udvirket hos den svage, utaknemmelige Konge, at en af hans personlige Uvenner
skulde undersøge det Skrevne, som var affattet i
det østerlandske Sprog. Hvor utilfredsstillede og ydmygede maae de ikke Alle have følt sig, da de fik at
vide, at de Linier, der havde foruroliget dem saa
meget, vare gudelige Overvejelser og moralske
Tankesprog!

Kommandanten paa Fæstningen var en menneskekjærlig og god Mand, der søgte efter Evne at
mildne den faldne Stormands Tilværelse, derfor
gav han ham ogsaa Tavle og Griffel saa ofte han
ønskede det, thi Pen og Blæk var ham forbudt;
men Schumachers Helbred led meget ved det stille,
indesluttede Liv. Omsider da hans Tilstand forværredes, opnaaede hans Talsmænd at udvirke
Frihed for ham, efterat han havde henlevet 23
Aar indenfor Fængselsmure. Hans höjeste Ønske
var at komme tilbage til Danmark og atter gjensee sin altid höjtelskte Datter, der var bleven
gift med en Adelsmand i Jylland; men dette Ønske
blev ikke tilfredstillet. Han kom kun til Trondhjem, og døde der i en venlig Slægtnings Huus,
netop samme Aarsdag i Marts, paa hvilken han 23
Aar tidligere var falden i Unaade.

Peder Tordenskjold.

«Søhelten hiin, hvis Kæmpery
lysnede stolt som Lyn i Sky.»

Tordenskjold, hvis oprindelige Navn var
Vessel, blev adlet af Kong Frederik den Fjerde.
I sin korte Levetid, thi han var kun 29 Aar gam-
mel, da han blev dræbt, gjorde han Vidundere af
Tapperhed, og viste ved alle Lejligheder en Snild-
hed og Snarraadighed, der giver hele hans Færd
og alle hans Bedrifter et eventyrligt Præg.

Han blev født 1691 i Trondhjem, hvor hans
Fader var Raadmand, men hans Slægt nedstam-
mede egentlig fra Holland. Faderens Ønske var,
at han skulde studere, men det havde han ingen
Lyst til; saa kom han i Skræderlære, «for at den
balstyrige Dreng kunde lære at sidde stille,» men
denne Stilling passede sig mindre end nogen
anden for den livlige, vel endog kaade Dreng, og
det varede da heller ikke længe, før han gjorde
Mesteren det saa broget, at denne sendte ham
hjem igjen til Faderen, eller rettere, Drengen løb
selv fra Læren; og saa omsider, da hans Forældre
ikke vidste, hvad de skulde anbringe ham til, blev
han sendt til Kjøbenhavn for at komme tilsøes.
Derved kom han paa sin rette Hylde; Søen var
hans Element, og han fik det Skudsmaal fra sine
Foresatte, da han kom hjem fra den første Rejse,
at han var født til Sømand og vilde med Tiden
blive en Prydelse for sin Stand, thi han var altid
frejdig og glad, selv i de haardeste Kulinger, og
var altid den første til at gaae tilvejrs.

Efter at have gjort nogle Rejser til Ost- og
Vestindien, fik han i Bergen Underretning om, at
Danmark var indviklet i Krig med Sverrig, og
den nittenaarige Yngling betænkte sig da ikke

12*

længe, før han tilbød Befalingsmanden i Christiania, den kække Løvendal, sin Tjeneste. Løvendal syntes godt om den unge, frejdige Sømand, og anbetroede ham et Skib paa fire Kanoner «Ormen», for at han skulde krydse med det ved de svenske Kyster. Snart efter fik han istedenfor «Ormen» et større Skib at føre; det var «Løvendals Galej» paa 20 Kanoner; de flinkeste og kækkeste Sømænd stillede sig under hans Banner for at vove med ham de dristigste Foretagender, og Rygtet om den kække Lieutnant Vessel gik snart over hele Norden. At hans Lykke og Berømthed skaffede ham Uvenner og Misundere, det er jo let at forstaae; men deres Bestræbelser for at skade ham, der gik saavidt, at de fik ham stillet for en Krigsret, bidroge kun til at hæve ham i Kongens Yndest. Efter Slaget ved Kolbergerhede fik han Befaling over «Ørnen» og som Fører af den var det isærdeleshed han traadte frem som en dristig og aarvaagen Krydser, der snart ved List, snart ved Aandsnærværelse og uhørt Raskhed, indhentede Underretning om Fjendens Foretagender og Planer, gjorde store Priser, og blev til en saa almindelig Skræk for Svenskerne, at Mødrene endog brugte hans Navn til at skræmme Børn med: «Tier Du ikke stille,» sagde de, naar Børnene vare ustyrlige, «saa kommer Tordenskjold!»

Gjentagne Gange blev der klaget over, at han dumdristig udsatte Skib og Mandskab for Fare ved at give sig i Kast med store fjendtlige Skibe; men han slap altid godt fra det, thi havde han Uvenner, saa havde han ogsaa mægtige Velyndere og Beskyttere, der syntes godt om hans Raskhed og Snildhed, og iblant disse var Kong Frederik den Fjerde. Det var efter et Angreb paa hans Færd, at han blev ophöjet i Adelstanden. »For Eders sjeldne Kækhed, Troskab og Iver i

vor Tjeneste,» sagde Frederik den Fjerde til ham,
»have vi ophöjet Eder iblant vor Adel; I skal
herefter hedde Tordenskjold!«
    »Tordenskjold!« udbrød Vessel henrykt,
»Tordenskjold! nu, saa skal jeg og saaledes tordne
for Svenskens Øren, at han skal sige, Eders Maje-
stæt ikke forgæves skænkede mig dette Navn.»
    Iblandt Tordenskjolds dristigste og mærkeligste
Bedrifter regnes «Slaget i Dynakilen» og Erobrin-
gen af «Klippefæstningen Karlsteen.« Ved Dyna-
kilen, en stærk befæstet Havn, tre Mile sydlig for
Frederikshald, vovede han sig med en Fregat og
fem Smaaskibe imod 34 Skibe, der udgjorde Sven-
skernes Styrke og laae forskandsede i en Havn,
hvis snevre Indløb havde Soldater til begge Sider
og stærke Forsvarsværker. Men da han havde
faaet udspejdet, at de fjendtlige Officerer vare
indbudne til at stort Gjæstebud, og aldeles ikke
anede nogen Overumpling, kom han saa uventet
bag paa dem, at han uden ringeste Tab sejlede
igjennem det lange, smalle Indløb. Det var om
Morgenen Kl. 6 men da Svenskerne kom paa Benene,
fik han en svær Dyst at udholde. Dog, Sejren
blev hans, og Frederikshald blev frelst ved den
kække, forvovne Daad, thi alt næste Dag trak
«Kung Karl, den unge Hjelte» sig ud af Norge.
    Som Tordenskjolds største og modigste Daad
regnes næstefter Kampen i Dynakilen, Marstrands
Erobring, eller Indtagelsen af en Klippefæstning,
der blev anseet for uovervindelig.
    Karl den Tolvte var fast bestemt paa, at ville
erobre Norge og begynde med Frederikshald;
derfor belejrede han atter denne Fæstning 1718,
skjønt han to Aar tidligere var bleven kastet til-
bage derfra. Den gjentagne Belejring kostede
imidlertid Heltekongen Livet; thi da han Söndagen
den 11 Decbr. 1718 gik ud for at see til Arbej-

derne, blev han truffen af en Kugle, der dræbte
ham øjeblikkelig, uden at de Omkringværende anede
hans Død, førend de bleve opmærksomme paa
Kongens ubevægelige Stilling i Løbegravene, lænet
til et Brystværn. En Kugle var gaaet igjennem
hans Hoved. Over denne Konges Dødsmaade
hviler en uforklarlig Hemmelighed, som neppe
nogensinde vil opklares; faldt han ved en af de
fjendtlige Kugler, der susede om Ørene paa ham
i Løbegravene, eller sendte hans egne Krigere
ham den dødbringende Kugle, maaskee uden at
ville det?

»Hvor Magten slipper, der rækker List,« vidste
Tordenskjold, og naar hans Styrke derfor, trods
hans ualmindelige Mod og Dristighed var for ringe
til at udrette Noget, tyede han til andre Midler,
der kunde sikre ham et heldigt Udfald.

»Han var snedig og polidsk,
gik omkring og solgte Fisk,«

staaer der i en Vise om ham; thi forklædt som
Fisker, med sin Kurv paa Armen, opnaaede han at
udspejde Fjendens Styrke og Forsvarsmidlernes
Tilstand, ved at vove sig saavel ind i Fæstningen
og Byen som paa den svenske Flaade. At han
talte Svensk som en Indfødt, kom ham vel tilpas,
thi derved undgik han at blive røbet.

Det er billigt at fremhæve, at Tordenskjold
saavel ved denne store Erobring som ved enhver
Lejlighed, viste ligesaa stor Menneskekjærlighed
og Opmærksomhed imod de Betrængte som Snild-
hed og Uforsagthed ved sine vovelige Fore-
tagender.

Det Liv og den Friskhed, der var over den
raske Søhelt, gjorde ham til Frederik den Fjerdes
Yndling, og denne Konge morede sig tidt over

hans Snarraadighed, Dristighed og lystige Indfald.
Et Træk af hans Færd, der er bleven dadlet, fordi
han gik noget hensynsløst tilværks, bærer saa
klart Præg af hans Raskhed og Uforsagthed, at
det vel er værd at anføre.

En Dag ytrede Kongen ved Taffelet, at det
vel kunde lyste ham at vide, hvorledes Skaa-
ningerne vare stemte imod de Danske, da han
formodede, at hverken Gejstligheden eller Bonde-
standen vilde have noget imod at ombytte det
svenske Herredømme med det danske. Torden-
skjold, der var tilstede, listede sig ubemærkt bort
efter at have hørt Kongens Ord, og ilede til Told-
boden, hvor han satte sig i en Baad, tog 10 til
12 Mand med sig og roede over til Sverrig. Der
steg han iland med sine vel væbnede Følgesvende,
og gik et godt Stykke Vej, indtil han kom til en
Bondeby, hvor han i den nærmeste Gaard kigede
ind igjennem Vinduet, saae, at der skulde være
Bryllup, og traadte ind i Huset netop som Brud-
gommen førte sin Brud til Brudeskammelen. Ved
sin uventede Fremtræden hindrede han imidlertid
Vielsen, thi Præsten og Brudgommen maatte strax
følge med ham, som og den Officeer, der havde
Strandvagt og var indbuden til Bryllupsfesten.
Med dem roede han over til Kjøbenhavn, hvor han
snart var bleven savnet, men Ingen kjendte Grun-
den til hans Forsvinden. Ved Aftentaflet stod
han som om Middagen nær ved Kongens Stol.
«Hvor har I været saa længe?» spurgte Kong
Frederik.

«I Sverrig!» svarede Tordenskjold.

Kongen lo og spurgte hvad han havde gjort
der, hvorpaa Tordenskjold fortalte, at han havde
hørt Kongens Ønske og været saa heldig at kunne
skaffe Oplysning desangaaende, ved at faae En
med sig af hver Stand, hvorpaa han bad om Til-

ladelse til at lade Officeren, Præsten og Brudgommen træde ind. Kongen talede længe med de nødtvungne Rejsende, især med Bonden, som næste Dag vendte tilbage til sin Brud med rige Gaver, inderlig fornöjet over Kongens Gavmildhed.

Ligesom Søhelten selv besad Mod og Uforsagthed i höjeste Grad, saaledes fordrede han ogsaa disse Egenskaber hos sine Undergivne. Der siges, at han tog aldrig nogen Mand ombord i sit Skib, der ikke turde udsætte sig for hans Mesterskud ved at staae i Raaen og holde en Sølvskilling imellem Fingrene, som da tjente ham til Blink.

Endnu kun, hvorledes den aabne, djærve Søhelt, der i saa mange blodige Kampe og overhængende Farer trodsede Fjendens Kugler, omsider fandt en brat Død for en uværdig Mands Kaarde.

Da Krigen var tilende, søgte Tordenskjold om Tilladelse til at rejse udenlands. Han vilde see de berømteste Steder i Tydskland, besøge sin gamle Velynder og Velgjörer, Baron Løvendal i Dresden, og dernæst gaae til England, der for Sømanden har stor Tiltrækningskraft. Undervejs besøgte han Hertugen af Augustenborg, og under sit Ophold der drømte han en Nat, at en giftig Slange stak ham under den höjre Arm. Da han ikke var fri for Overtro, følte han sig overtydet om, at denne Drøm varslede ham et eller andet Uheld paa Rejsen. Hertugen var af samme Mening, og dersom ikke Hesten næste Dag var styrtet med ham paa Jagten, og Drømmen, som han troede, derved opfyldt, vilde han have opgivet Rejsen.

I Hamborg traf han en ung Landsmand, der var bleven trukken dygtig op af en svensk Bedrager, en Oberst Stahl, der lod forevise »en Slange med syv Hoveder,« naturligviis et snildt Bedrageri for at lokke unge Mennesker til Spille-

bordet. Den unge, danske Rigmand tabte ikke
alene alle sine rede Penge, men en betydelig
Sum, som han maatte give Forskrivning for.

Fra Hamborg rejste Tordenskjold til Hannover
og blev höjlig forundret ved at træffe iblandt
Gjæsterne ved et fornemt Middagstaffel der, samme
svenske Oberst, Optrækkeren fra Hamborg. Han
harmedes over at finde en saadan Person i hæder-
ligt Selskab, yppede Strid med ham, blev udfor-
dret, men afslog Udfordringen, »fordi han ikke
vilde maale sin Kaarde med en æreløs Karls,« og lod
sig derefter overtale dertil af nogle af Stahls Ven-
ner. Men hans Død, der fremkaldte stor og al-
mindelig Sorg i Danmark, thi han var hele Lan-
dets Yndling, kan snarere kaldes et Mord end et
Drab i ærlig Tvekamp, efter den Maade, hvorpaa
Svenskeren gik frem.

Ludvig Holberg.

«Vor Holberg sin mandige Røst oplod
om Daarernes Lader og Fagter,
saa levende som de gik og stod
med Ansigt, med Tale og Dragter.

Som rensende Stormvind hans Tale klang
til Solskin i kommende Dage;
indsmuglede Moder som Græshopper sprang
den Vej, de var kommen, tilbage.»

Omtrent for halvandethundrede Aar siden,
altsaa længe før Norge selv fik et Universitet, kom
et ungt Menneske til Kjøbenhavn, for at blive
Student. Denne Ungersvend, der sejlede did paa
en lille norsk Skude fra sin Fødsby Bergen,
var Ludvig Holberg, Søn af en agtet og brav
Mand, Oberst Holberg, der døde faa Aar efter
Sønnens Fødsel.

I sin Ungdom var Holberg fattig, og maatte
flere Gange tage ud som Huuslærer, fordi han
ikke havde Noget at leve af; men han naaede
dog ved egen Flid, ikke alene at faae Embeds-
examen i en tidlig Alder, men endog at besøge
fremmede Lande, hvorved hans Kundskaber ud-
videdes og hans Blik skærpedes; hans mange
vittige og friske Arbejder vidne derom. Han
er bleven kaldet den danske Literaturs Fader, og
det med Rette, thi før han traadte frem:

»Hver Mand, som med Kløgt gik i Lærdom til Bund,
Latin paa Papiret kun malte,
med Fruerne Fransk, og Tydsk med sin Hund
og Dansk med sin Tjener kun talte.»

Altsaa, da de fleste Forfattere skrev paa Latin
eller Tydsk, var det danske Sprog næsten gaaet
tilgrunde, og Holberg maatte saagodtsom selv

danne sig et Skriftsprog. Iførstningen forargedes
Folk over, at Holberg vilde skrive Dansk; det
var jo altfor gammeldags og neppe værd at læse;
men han lod sig ikke skræmme af Fornemhed og
Uvidenhed. »Der skal en dygtig Lugekniv til
at kue det Ukrudt,« sagde han, men det lykkedes
ham dog omsider

> «at lære de Danske, at Dansken er fød
> at tale med Fædrenes Tunge;
> thi hjemmebrygt var jo den herlige Mjød,
> der styrkede Hjerte og Lunge.»

Skjøndt Holberg har efterladt sig flere store vær-
difulde Værker, saasom: en Danmarks Historie, en
Beskrivelse over Danmark og Norge, en alminde-
lig Kirkehistorie og mangfoldige andre, der vidne
om Skarpsindighed, Lærdom og Aand, saa var
det dog fornemmelig ved sine Skuespil, at han
virkede gavnligt. Af disse skrev han ialt 33, og
i dem alle fører han Krig paa en vittig og lystig
Maade imod den Spidsborgerlighed og Smaalig-
hed, der var ved at slaae det aandelige Liv ihjel.
Disse Skuespil, fulde af sprudlende Vittighed,
vakte stor Opsigt da de udkom, og der blev snart
indrettet et dansk Theater i Kjøbenhavn; hidtil
havde der været et fransk og et tydsk, men intet
dansk. Dog de Skuespil, der vakte saa stort
og velfortjent Bifald hos Folk ialmindelighed, vakte
megen Harme hos de Store og skaffede ham mange
Fjender; ja, da hans Peder Paars udkom, vilde
man have ham baade hængt og brændt, og han
kunde alene takke Frederik den Fjerdes sunde
Sands for, at han ej blev domfældt.
At Folk bleve saa vrede paa Holberg for
hans vittige Skuespil, det kom naturligviis deraf,
at der var saa Mange, der følte sig trufne i de
Personer, han lod træde op i dem. Snart beklagede

En sig over, at det var ham, der var meent med
»den politiske Kandestøber;» saa skreg
en Anden paa, at han var «den stortalende
Soldat,« og en Tredie meldte sig som »den
snakkesyge Barbeer,» saa at Holberg havde
stor Morskab af at see Folk kappes om den Ære, at
have givet Stof til de latterlige Skildringer, han ud-
kastede af misforstaaet Dannelse og Forfængelighed.

Med en Flid og Vedholdenhed, der svarede
til den Lethed, hvormed han forstod at føre sin
Pen, arbejdede Holberg sit hele Liv igjennem, og
førte dertil et stille, tarveligt, afholdende Liv lige
til sin Død. Ved sine Skrifter opnaaede han ikke
alene den Berømmelse og Beundring, der tilkom
ham i saa rigeligt Maal, men han opnaaede og at
skrive sig Penge til. Sine Rigdomme anvendte
han til Kjøb af Jordegodser i Sjælland, hvor han
tilbragte den største Deel af Sommeren; og af
disse Godser blev faa Aar før hans Død oprettet
et Baroni — thi Holberg var imidlertid bleven
Baron — som han skænkede til Sorø Akademi,
en Opdragelsesanstalt, der ved denne store Gave
atter blev gjenoprettet.

Der har været fældet mangen forskjellig Dom
om Holbergs Karakteer. Nogle have løftet ham
til Skyerne for Godgjørenhed, Forekommenhed og
Gavmildhed; Andre have søgt at stille ham frem
som en pengegjerrig, menneskefjendsk, opfarende
Mand. Disse Modsigelser har han godt forklaret
i hans »Skildring af sig selv,« thi deri siger han,
»at baade den Ene og den Anden kan have Ret, fordi
de udtale sig efter det Kjendskab, de have til
ham, uden at tænke paa, at han som andre Men-
nesker maatte betragtes og bedømmes efter for-
skjellige Forhold. »Nogle holde mig for en lystig
Mand,« siger han, »Andre for en menneskesky
Særling; de Første have Ret, fordi de dømme efter
mine Skrifter, men de Sidste, der dømme efter

det stille, afsondrede Liv, jeg fører, have efter
Skinnet ogsaa Ret. Nogle sige maaskee, naar
jeg gaaer paa Gaden: »se, der gaaer den Gnier,
der ikke gjør noget Menneske paa Jorden godt,«
og Andre ytre muligviis: »Gud lade den Mand
leve, der er saa god imod de Fattige,« og Begge
have Ret; thi jeg løser ikke altid min Pung op,
naar Folk forlange det, men jeg løser den og op ved
mangen Lejlighed, hvor Andre slaae Knuder for
deres. Saa sige Nogle, at jeg er en vranten og
fortrædelig Person; Andre, at jeg er en venlig og
høflig Mand; Tingen er den, at naar Nogen vil
spilde Tiden for mig med Snak, naar jeg er be-
skæftiget, saa afbryder jeg ham kort, medens jeg
gjerne hører paa Den, jeg kan hjælpe tilrette, og
som ikke har ubeføjede Fordringer paa min Tid.«

Holberg levede bestandig ugift, men han fandt
stor Fornøjelse i at underholde sig med Damer,
ikke blot med begavede og kundskabsrige, men
med jevne og ringe oplærte, og han udsatte en
stor Sum Penge, af hvis Renter fattige Jomfruer
skulde udstyres.

«Saalænge som endnu med Liv og med Aand
den Danske kan synge i Lunden,
saalænge som ikke hans Smilebaand
af Moden i Knuder er bunden;

Saalænge en Draabe af gammeldags Blod
kan Vej gjennem Hjerterne finde,
saalænge som Bøgen ved Sorø slaaer Rod,
skal leve vor Holbergs Minde.»

Hans Egede.

«Hvo planted hist saa højt i Nord
den Green fra Edens Have?
Hvo bar den tro i Hvalens Spor
hen over Dybets Grave?»

Det gjorde Nordens Apostel, Hans Poulsen
Egede. Hans Fader, der var Sorenskriver i
Norge, havde taget Tilnavnet Egede efter Kirke-
sognet Vesteregede i Sjælland, hvor Bedstefaderen
var Præst. Egede selv var kun 21 Aar gammel,
da han blev kaldet til Præst i det nordlige Norge;
kort Tid efter ægtede han Gertrud Rask, en from
og trofast Kvinde, der var 13 Aar ældre end han,
men blev ham en Hustru, som kun Faa kunde
have været.

Ved at læse i gamle Skrifter, kom Egede til
Vished om, at Grönlænderne tidligere havde kjendt
Kristendommen, skjöndt de paa den Tid vare
vilde Hedninger, og han opluedes meer og meer
af Længsel efter, atter at bringe Evangeliet til
disse Folk paa de fjerne Kyster, der nedstammede
fra Nordmænd. Efter megen indre Strid og mange
Betænkeligheder, meddeelte han Stiftets Biskop
sin Plan, og bad ham understøtte den. Under An-
strængelser og Kampe, der ikke bleve ham lettere
derved, at baade hans og hans Hustrues Slægtninge
overvældede ham med Bønner og Forestillinger for
at formaae ham til at blive hjemme, og lade Grön-
lændere være Grönlændere, var han undertiden
nærved at tabe Modet; da stødte Fortræde-
ligheder i Embedsførelsen til, og denne Lejlighed
greb han til at tale med sin Hustru om, at Gud
maaskee lod disse Ubehageligheder komme over
dem, fordi de ikke vare rede nok til at fornægte
sig selv for hans Skyld." Hustruen havde iførst-

ningen ikke været begejstret for hans Plan, men i
Bön til Gud om at give hende Kraft og Lyst,
dæmpede hun sin Utilböjelighed, og higede snart
med større Iver end Ægtefællen efter at komme
til Grönland, og dermed var ogsaa Egedes ind-
vortes Strid tilende. Uden ringeste Udsigt til
Hjælp fra Mennesker, alene dreven af den reneste
Kjærlighed til dem, der sade i Dödens Skygge-
dale, frasagde han sig sit Embede og drog til
Bergen med Hustru og fire Börn, hvoraf det yngste
endnu ikke var et Aar gammelt.

I Bergen var hans Forsæt i Folkemunde.
Nogle sagde, «den Mand er jo vanvittig!» Andre,
«at han formodentlig havde havt Syner,« men de,
der talede med ham, bleve overtydede om, at han
var en forstandig og retsindig Mand. Da han ikke
kunde formaae Kjøbmændene i Bergen til at vove
Noget ved Handel paa Grönland, rejste han til
Kjøbenhavn, fik Frederik den Fjerde itale,
og godt Haab af ham. Der gik imidlertid tre Aar,
før han kom bort, og i den Tid havde han i ful-
deste Maal döjet Verdens Haan og Spot, og lært
Næringssorger at kjende.

Efter en möjsommelig Rejse kom da Egede og
hans Familie til Grönland, hvor han lod opføre sig et
Huus til Skærm og Ly ved Vintertide, og det kaldte
han «Godthaab.» Derpaa søgte han at gjøre sig be-
kjendt med Grönlændernes Sæder, Skikke og Sprog,
fandt dem vankundige og ureenlige, men godmodige,
og søgte at vinde dem ved Venlighed og god Om-
gang. De Indfødte nærmede sig ogsaa snart til
ham med Tillid, fik ham og hans Familie kjær,
og derved blev det lettere at vække dem af Dvale
og bringe dem til at lytte til hans Formaninger.
Da en grönlandsk Dreng bragte Börnekopper
med fra Kjøbenhavn, en Sygdom, der var ganske
ukjendt i Landet og som rasede voldsomt, fordi

Ingen kjendte Midler imod den, blev han en sand Velsignelse for de Lidende. Han var deres Læge saavel som deres Præst, og hans Hustru saavelsom han selv hjalp de Syge tilrette, plejede og trøstede dem med en Opofrelse og Selvforglemmelse, der neppe kan finde sin Lige. En døende Grönlænder gav ham ogsaa saa skjön en Lovtale, som vel nogen Dødelig kunde ønske sig: «Du har givet os Huusly og Føde,» sagde han til ham, «Du har begravet vore Døde, der ellers vilde være blevne til Føde for Hunde og Ravne; Du har lært os, hvorledes vi kunne blive salige, saa at vi nu kunne døe med Glæde og vente et bedre Liv efter dette.«

Egede sørgede først og fremmest for Kristendommens Udbredelse, men dernæst ogsaa for Handelens. Men ganske uventet faaer han det Budskab fra Danmark, at Kristian den Sjette ikke længer vil understøtte det Foretagende, hans Fader havde grundlagt, og den brave Mand faaer Valget imellem at vende tilbage og lade den Gjerning ufuldendt, for hvilken han saa længe havde levet og kæmpet, eller blive der og see til, hvorledes han kunde ernære sig og Sine. Af kongelig Naade maatte han beholde Fødemidler for et Aar!

Egedes Standhaftighed blev tilvisse sat paa en haard Prøve! Ugjerne vilde han og hans Hustru forlade Grönlænderne, der laae dem saa meget paa Hjerte, og dog saae de ingen Udvej til at kunne blive. De havde i deres Nød kun een Tilflugt og Hjælper, men de havde den bedste; til Ham, den Allerhøjeste og Almægtigste, tyede de i Bøn og Haab, og deres Haab blev ikke beskæmmet. En indbringende Hvalfiskefangst bevægede Kongen til at give Frist, og Egede fik Lov til at blive, indtil han nogle Aar efter søgte om Tilladelse til at rejse til Danmark, efterat hans ældste Søn, Poul Egede, til Forældrenes store Glæde var vendt hjem efter sex Aars Fraværelse, og var vendt hjem som Præst i Grönland. Iblandt de mange Savn, Opofrelser og Ulemper, Egede havde at kæmpe imod, var der en lille Begivenhed, paa engang snurrig og beklagelig, der fremkaldte stort Savn for ham i hans afsondrede Hjem. Han havde naturligviis kun faa Bøger med sig, men iblandt dem han havde, var der et kostbart religiøst Værk i stort Format, som han satte megen Priis paa. Denne Bog forsvandt pludselig, uden at det var ham muligt at opspore den, og han var næsten ligesaa bekymret over den gaadefulde Forsvinden som over Tabet af sit Yndlingsværk. Til hans store Forundring blev Hemmeligheden kort efter opklaret paa en ejendommelig Maade, da en ung Grønlænder viste sig for ham i en Klædning, sammensyet med stor Møje af den savnede Bogs Blade. Han havde ofte beundret Præstens og hans Börns Klædedragter og ønsket at kunne ombytte sin Skindpelts med en evropæisk Klædning; derved var han kommen paa den Tanke at tilvende sig Bogen, for saavidt muligt at faae sit Ønske opfyldt, og da han stolt og glad traadte frem for Egede, følte han sig vistnok forvisset om, at være kommen ham et Skridt nærmere, end de andre Grønlændere vare. Naturligviis splittede Vinden snart til hans store Sorg de möjsommelig sammenföjede Papirblade, og Egedes Börn fik travlt med at opsamle og bringe deres Fader Bladene af den saa højt savnede Bog.

Det var et Tordenslag for de mange Hjerter, der havde lyttet til Ordet, at den kjære Sjælesörger vilde forlade dem. Hans Rejse blev imidlertid opsat ved hans Hustrues Sygdom og paafølgende Død, et Tab, som han maatte samle al sin Styrke

13

194

for at bære i Taalmod. Hun blev bortkaldt to
Aar efter at Börnekopperne havde raset i Landet;
siden den Tid havde hun skrantet, og døde sand-
synligviis som et Offer for sin menneskekjærlige
Opofrelse, sin ufortrødne Pleje. Svækket paa
Sjæl og Legeme forlod Egede Grönland nogle
Maaneder efter hendes Død, fulgt af sin yngste
Sön, begge sine Døtre, og sin Hustrues jordiske
Levninger; thi hun havde ønsket at blive jordet i
Danmark.

Strax efter Hjemkomsten fra den fjerne Virke-
kreds oprettede Egede i Kjøbenhavn en grönlandsk
Læreanstalt, og skrev flere Bøger i det grønlandske
Sprog. De sidste 10 Aar af sit Liv henlevede
han hos sin ældste Datter, der var gift med Præsten
i Stubbekjøbing, levede der æret, elsket og agtet
af Alle, og blev efter sin Død höjlig savnet af
Byens Fattige.

«Hos Gud nu den Apostel boer,
hvis Sjæl Gud evig glæde!
Hans Mindekvad höjt over Jord
forløste Sjæle kvæde.
Hans Bavtasteen er Korset hist,
som beder til den Herre Krist,
hvor isnet Sjælen gyser.
Fra Bølgebjerg af evig Iis,
det peger mod Guds Paradiis,
og gjennem Natten lyser.»

195

Albert Thorvaldsen.

«Se, han som sagde til Marmoret: Bliv!
nu ligger et Marmor uden Liv,
mens ung og dejlig hans Skabning staaer
om tusind og atter tusind Aar.»

Den verdensberömte Kunstner, Albert eller
Bertel Thorvaldsen, blev født d. 19de Novbr.
1770. Hans Fader var en fattig Billedskærer i
Kjøbenhavn, Islænder af Fødsel, og hans Moder
en Bondepige fra Nörrejydland. De Kaar, under
hvilke Forældrene levede, tillode dem ikke at lade
Bertel lære meer, end hvad Børn af den ringeste
Stand kunne faae Adgang til; men Vorherre havde
betænkt ham rigeligen, thi der var nedlagt i hans
Indre et ualmindeligt Talent, der ytrede sig alt
fra hans tidligste Aar.

Som ganske lille Purk dannede han Menne-
sker og Dyr af hver lille Klump Leer, han kunde
faae fat paa, og dette Talent udviklede han i sin
Barndom som i sit hele Liv, med Flid og Udhol-
denhed. Alt i sit 11te Aar kom han i Kunstaka-
demiets Skole, og efterat han, endnu før han var
23 Aar gammel, havde vundet baade den lille
og store Sølvmedaille, den lille og store Guld-
medaille, og erhvervet sig flere boglige Kundska-
ber, end hans tarvelige Barndom havde givet ham
Anledning til, rejste han omsider 1796 til Kunstens
Hovedstad, det for alle Kunstnere forjættede Land,
Rom. Der vandt han snart et stort og hæderligt
Navn, og gjensaae ikke sit Fædreland før 1819,
hvor inderlig han end længtes efter Danmark, og
hvormegen Glæde hans trofaste, danske Sjæl end
følte ved at modtage Besøg af og leve i Omgang
med Landsmænd.

Den fattige Yngling var bleven en navnkun-

13*

dig, af Konger og Fyrster hædret Mand, da han efter 23 Aars Fraværelse kom tilbage til Danmark. Heldigviis havde dog de Triumfer, han havde fejret, og de Ærestegn, han var bleven overøst med, ikke forandret hans fordringsfrie, hjertelige Væsen, saalidet som de havde draget ham bort fra hans levende, endnu stedse ungdommelige Begejstring for den ædle Kunst, han havde helliget sit Liv.

Et Aarstid opholdt han sig i Danmark, og rejste da atter tilbage til Rom, efter at have givet sine nærmeste Venner at forstaae, at det var hans Agt at ende sine Dage i Fødelandet, og mangen Landsmand, der vendte hjem fra Kunstens Stad, bragte samme Hilsen med fra ham. Omsider kom han ogsaa, efter meer end 40 Aars Fraværelse, og det Indtog han 1838 holdt i Kjøbenhavn, var saa hjerteligt, saa jublende, at neppe nogen Konge har holdt et lignende.

Fra den Tid af levede den alderstegne, sølvhaarede Kunstner med det skjönne, elskelige Sind der afprægede sig klarlig i hans kraftige Ydre, næsten uafbrudt i Hjemlandet, indtil han blev ført over til det himmelske Hjem. Hans Livslampe udsluktes som i et Nu, uden noget foregaaende Ildebefindende. Den 24de Marts 1844 var han i Theatret, og midt under Opførelsen af et Skuespil bortkaldtes han fra en Verden, der forstod at skatte ham, og fra et Folk, der var knyttet til ham i Kjærlighed.

Thorvaldsen har skænket Danmark en Skat, der er saa stor, saa righoldig, at den med Rette kan kaldes en kongelig Gave; thi foruden de mange værdifulde Værker, han i et halvt Aarhundrede havde kaldt tillive, efterlod han ogsaa Fødelandet de herlige Kunstskatte, han havde samlet i Rom: prægtige Malerier og sjeldne Oldsager i stor Mængde.

Alt dette opbevares i «Thorvaldsens Museum» og
ved at vandre imellem disse skjönne og stolte
Minder om Kunst og Aand, maa Enhver føle sig
saare ubetydelig, ringe og uvirksom, i Sammenlig-
ning med den mægtige Aand, der har fremkaldt
den største Deel deraf.

«Saa vidt som Kunsten har rejst sin Hal,
fra Roma til Niagaras Fald,
fra Palmens Glød til Granens Iis,
gjenlyder Bertel Thorvaldsens Priis.»

Det vilde være umuligt at navngive Thorvald-
sens fortrinligste Værker, thi Alt er fortrinligt og op-
höjet fra hans Haand. Vi ville dog standse ved »Ja-
son med det gyldne Skind« fordi dette Arbejde
lagde Grunden til hans Navnkundighed.

Som ægte Kunstner var det Thorvaldsen,
der altid var mindst fornøjet med et fuldendt Ar-
bejde, og Jason blev flere Gange sønderbrudt,
endog da den 1801 stod færdig i Leer, beundret
af Alle som et kosteligt Værk. I 1803 stod den
atter færdig, afstøbt i Gips, og han var netop i
Begreb med at rejse hjem til Danmark, da en
rig Englænder fik den at see, bestilte en »Jason«,
som han betalte godt, og gav derved Thorvaldsen
Anledning til at forlænge Opholdet i Rom, hvor
hans Navn snart blev stillet ved Siden af den be-
rømte Canovas.

Dernæst nævne vi «Alexander den Store
paa sin Triumfvogn,» der findes som Relief i
Korridoren langs Forhallen, og som Frise i For-
hallen. Man seer Babyloner, der drage Sejerherren
imøde, Babylon og dens Omegn, og Alexanders
store Følge.

Havde Thorvaldsen ikke udført flere Værker
end Alexandertoget, da vilde dette alene

være tilstrækkeligt til at stemple ham som en af
Verdens störste Kunstnere. Et saadant Storværk
maatte kunne optage et Menneskes hele Levetid,
synes man, og dog, hvor utroligt det end klinger,
fuldendte han det i tre Maaneder.

Dengang Napoleon den Første paatog sig at
skifte og dele imellem Evropas Herskere, glemte
han ikke at vende op og ned i Italien, og den
Sön, der blev født, da hans Magt var paa sit mest
glimrende Höjdepunkt, blev døbt «Konge af Rom.»
Et stort Slot i Pavens Stad skulde i Aaret 1812
udsmykkes paa det pragtfuldeste, for at tage imod
«Evropas Sejerherre,» og Bygmesteren henvendte
sig til den danske Kunstner for at faae et Arbejde
udført, der skulde smykke de fire Vægge i en af
Salene. De andre derboende Mægtige i Kunstens
Rige kunde eller vilde ikke paatage sig det; Fri-
sten dertil var for kort. Til Alles Forbavselse,
baade de Indviedes og de Uindviedes, stod det
stolte Alexandertog færdigt tre Maaneder efter,
uden fjerneste Præg af at være Hastværksarbejde.
Ideen var ogsaa særdeles heldig og tilfredsstillende:
Sejerherren Alexander skulde have Hentydning til
Sejerherren Napoleon.

Endnu maae vi standse ved Indgangen til
Kristussalen, for at kaste Blikket paa det tiltalende
Basrelief: Frelseren i Samtale med den sama-
ritanske Kvinde. Man seer, at hun udtaler sin
Forundring over, at en Jøde vil bede en Samaritan
om en Lædskedrik, og at hun begærlig lytter
til hvert Ord fra de hellige Læber, der fortælle,
at Han er den lovede Messias.

I Kristussalen hersker den höjtidsfulde Stil-
hed, som Frelserens Tilstedeværelse maa fremkalde.
Langs Væggene staae Disciplene med deres Sind-
billeder. Alt er smukt og sindrigt ordnet, og
Blikket fører fra Salen til den store Kunstners

Gravsted, midt i Gaarden, der til alle Sider er
omgiven af hans Livs rige Virksomhed.

> «Og han skal hvile derinde blødt,
> og drømme salig og drømme sødt
> om Ham, der gjorde den Svage stærk,
> om Ham, han lovsang gjennem sit Værk,
> til engang Luren kalder til Dom,
> til Herren kalder: Kom, Albert, kom!
> Til Graven brister, og han opstaaer,
> med Lauren frisk i de hvide Haar.»

De to berømte Brødre Ørsted.

Rudkjøbing, en lille By paa Langeland, en Ø, der ligger sydøstlig for Fyen, frembyder aldeles intet mærkværdigt, men den kan være stolt af to bekjendte Hædersmænd, der i Slutningen af forrige Aarhundrede bleve fødte i dens Midte.

Hans Kristian Ørsted, og
Anders Sandø Ørsted,

Navne, der have den skjønneste Klang, ikke alene i Danmark, men over hele Evropa, ja vistnok over den hele kultiverede Verden, ere Apotheker-sønner fra Rudkjøbing, hvor H. K. Ørsted, († 1851) den ældste af dem, blev født d. 14de August 1777, og A. S. Ørsted († 1860) den 21de Decbr. 1778.

Hans Kristian Ørsteds Navn er bekjendt og höjagtet overalt hvor Videnskab og Kunst have banet sig Vej paa Jorden, og ikke alene Lærde og Videnskabsmænd forstaae at skatte det, men hele Folket; thi hans Opdagelser, fremkaldte ved flittig Grandskning og tro Afbenyttelse af hans her-lige, rige Aandsgaver, have stiftet og stifte den Dag idag uberegnelig Nytte, og ere blevne af en overvejende Indflydelse paa Industri, Handel og Skibsfart. Elektromagnetismen, som han kom til Klarhed om 1820, «det lykkeligste Aar i mit videnskabelige Liv,» siger han i sin Levnetsbe-skrivelse, har alt stiftet utænkeligt Gavn, og der er gjort utallige Forsøg i mangfoldige Retninger for at benytte denne Videnskab til at frembringe bevægende Kraft, kort sagt, til at lade den træde istedenfor Dampkraft. En af de væsentligste Retninger, i hvilke hans store Opdagelse har virket, eller rettere, den allervæsentligste, er ved den elektromagne-tiske Telegraf, der er bleven kaldet »en Datter af den berømte danske Videnskabsmand.«

Mange Forbedringer og nyttige Opfindelser

knytte sig til og staae i Forbindelse med Elek-
tricitetens magnetiske Virkning, men intet Navn, og
ingen Videnskabsmand kommer i denne Retning
vor afdøde Ørsted nær. Og ligesaa højagtet som
han var af alle Lærde og Höjbaarne, ligesaa hæd-
ret og udmærket som han blev af fremmede Her-
skere saavelsom af Landets Fyrste, af Udlandets
forskjellige lærde Selskaber som af Fædrelandets,
saa ualmindelig afholdt var han ogsaa af Höje
og Lave for sin elskværdige, milde, hjertelige
Personlighed, der skaffede ham en stor Kreds af
hengivne Venner.

I fulde 50 Aar virkede han som Universitets-
lærer, og heldigviis formørkede ingen Miskjendelse
eller ukjærlig og vrang Bedömmelse af Anskuelser
og Adfærd, den höjagtede Lærdes stille Liv, der
endte ved en rolig Bortgang, d. 9de Marts 1851.

Ved Siden af Physikeren Ørsted staaer hans
ophöjede Broder, Anders Sandø Ørsted, «Kon-
gens og Folkets Mand,» et Hædersnavn, der blev
givet ham i Frederik den Sjettes Dage, og som
han, der er at betragte som »alle Lovkyndiges
Lærefader,» vel skal have Ret til at beholde, om
end Tiderne vexle og skifte, og Livets Fordringer
med dem. Ørsteds Fortjenester som Retskyndig
og Statsmand, som skarpsindig Forfatter og kraftig
Fædrelandsven, ere saa fremragende og saa over-
vejende, at Den, der kunde glemme det Gode,
han har ydet, virket og fremkaldt igjennem et
langt, velsignet og frugtbringende Liv, viet Fædre-
landet og dets Vel, maatte kaldes Danmarks utak-
nemmelige Sön. Mange hæderlige Mænd have ar-
bejdet i Samklang med ham, mange brave Mænd
ønske at fremme Fædrelandets Selvstændighed og
friere Udvikling efter Anskuelser, afvigende fra
hans; men neppe vil Nogen af den ældre eller
nyere Tids Forkæmpere vinde større Krav paa

Anerkjendelse af Samtid og Eftertid, end den
frisindede Ædling, som,

«Da han var ung og var kjæk og var frejdig tilmode,
ikke flygted' til Skoven, men drog sit Sværd for
det Gode;
tilgav Næsten, naar han kun fornærmet var vorden,
men var Niddingens Rædsel, en Hevner paa Jorden,
hævede kraftigt sin Aand, lod som Sol paa Himlen
den lyse,
højt paa det Blaa,
kækt lod den varmende staae,
for at i dæmrende Muld ej hans Brødre mon fryse.»

Ligesom Videnskabsmanden og Grandskeren
Ørsteds Navn derfor er uadskilleligt fra «Sel-
skabet til Naturlærens Udbredelse,» «den polytek-
niske Læreanstalt,» »Trykkefrihedsselskabet» og
mange andre glædelige og nyttestiftende Fore-
ninger, saaledes er Videnskabsmanden og Stats-
manden Ørsteds fastknyttet til «Retsvidenskab,
Lovgivning og Statsstyrelse. Begge regnes de
med Rette iblandt de hæderværdigste og mest
gavnrige Mænd, Danmark nogensinde har havt at
fremvise, og om Begges elskværdige Personlig-
heder vil der altid kun blive een Stemme.

Rasmus Kristian Rask.

«Vidt han vandred selv paa Jorden,
ledte om sin Ligemand,
gik til Hekla højt mod Norden,
Ganges ned i Sønderstrand.
Ja, det skal hans Gravskrift være:
«Vej han brød hvor han kom frem,
som det kaldes skal en Ære,
at betræde ret igjen.»

Landsbyen Brendekilde, en Miilsvej fra
Odense, er den Mands Fødeby, der med Rette
er bleven kaldet «Nordens største Runemester».
Den navnkundige Sprogforsker og Oldgrandsker,
Rasmus Kristian Rask, født 1787, død desto-
værre alt 1832, var en Huusmandssøn fra denne
By. Ved ualmindelige Anlæg banede han sig Vej
til Odense Latinskole, hvor han kun brugte 6 Aar
til at gjennemgaae alle Klasserne, idet han til
samme Tid studerede adskillige gamle Sprog, saa-
som det islandske, angelsachsiske, grönlandske
o. fl., næsten ganske uden Vejledning og uden de
almindelige Hjælpekilder af Ordbog og Sproglære.
Som Student fandt han en Velynder i Professor
Rasmus Nyrop, der ligesom han var en Bonde-
sön fra Fyen, og ved hans Medvirken fik han en
Ansættelse ved Universitetsbibliotheket, men levede
under trange Kaar, tildeels af at give Underviis-
ning. Sin Fritid brugte han til at grandske i
gamle Kildeskrifter, oversætte Edda, studere frem-
mede Sprog og uddanne sig tilbørligen til Maalet
for sine Ønsker: Rejser i fjerntliggende Lande,
hvilke han og fik tilfredsstillet i saa rigeligt Om-
fang som vel nogen Videnskabsmand.
Kun Faa have foretaget sig saa vidtløftige
Rejser som denne vor Tids største Sproggrandsker,

der, fraregnet nogle korte Ophold i Fødelandet, tilbragte 11 Aar af sit Liv med at besøge fremmede Folkeslag. Alene i Asiens forskjellige Lande henlevede han tre Aar, opholdt sig i længere Tid i Indien og Persien, overalt for at studere Sprog og ordne dem, give Klarhed om Oldtiden, og indsamle Skatte, der nu findes i Kjøbenhavns Bogsamlinger, og for Kyndige ere af betydningsfuld Værd.

Et svækket Helbred lagde tidlig denne berømte og skarpsindige Mand i Graven, der forstod at bevæge sig med Lethed i 55 forskjellige Tungemaal, som han grundigen havde tilegnet sig. Ikke alene kunde han tale med de Indfødte, men han var istand til at belære endog de mere oplyste iblandt dem, om mange Uklarheder og mange Ejendommeligheder, som hans flittige Forsken havde fundet Rede i. Den Dag, Professor Rask fyldte 45 Aar, fulgte hans Venner og Beundrere ham til det stille Hvilested, der skulde gjemme den dybe, tænkende Aands svage Bolig, og paa det Gravmæle, der senere blev rejst ham, satte de Indskriften i fire forskjellige Tungemaal. I det d a n s k e Sprog staaer de Ord, med hvilke han nogle Aar før sin Død afslog en fordeelagtig Ansættelse i Edinborg: »Fædrelandet skylder man Alt, hvad man kan udrette.«

Dernæst staaer der i «Sanskrit,» som han fortrinsviis dyrkede, og i hvilket Tungemaal han har udarbejdet en Sproglære: «Der gives ingen Ven, som kan lignes ved Virksomhed; hvo der arbejder, synker ikke hen.»

Paa A r a b i s k: »Sandheden er klar, men det Falske er mørkt;« og den islandske Indskrift lyder saaledes: «Vil Du være fuldkommen i Kundskab, da lær alle Tungemaal, men glem ikke Dit eget.»

Vocabulary *(Ordsamling)*.

pag. 97.

Folkesagn, popular traditions, legends.
fægte, to fight.
dølge, to conceal.
ægte, true.
tage i Favn, to embrace.
kaste Handsken, throw down the gauntlet.
opslaae, to open.
en Ridderhjelm, a knight's helmet.
formummet, masked.
en Fæstning, a fortress.
et Billede, an emblem.
Folkeaand, national spirit.
Kraft, strength.
Slummer, slumber.
Øresund, the Sound.
hensætte, to bring, to put over to.
lejlighedsviis, occasionally.
rejse sig, to raise.
ryste sin Kraft frem, a manifestation of power.
paastaae, to protest.
Nørrejylland, the North of Jutland.
en halv Miils Vej, half a mile.
en Bakke, a hill.
almindeligviis, generally.

stole tryg paa, to depend upon.
en staalklædt Kæmpe, a steel-clad warrior.
et Skjold, a shield.
Nød tilstede, need at hand.

pag. 98.

Vaabengny, clash of arms.
en lystig Ungersvend, a merry young man.
et Indfald, a fancy.
underjordisk, subterraneous.
omsider, at last.
en Jerndör, an iron-door.
en Hvælving, a vault.
et Loft, a ceiling.
et Steenbord, a stone-table.
korslagt, laid across.
löfte, to lift, raise.
briste, break asunder.
Skægget, the beard.
Ræk mig Din Haand, shake hands with me.
forrest, the foremost.
i den Tanke, supposing.
knuge, to press.
slippe, to let go.
en Vovehals, a desperado.
gjæste, to pay a visit.
et Tøndebaand, a hoop.
et Banner, a banner.

206

groe, to grow.
varsle, to warn.

pag. 99.

staae rede til, to be ready.
Briller, spectacles.
en Troldkvinde, a witch.
Nörrefælled, (a common field
at Copenhague).
et Kjær, a pool.

Hellig Anders, The holy
Andrew.
en Landevej, a high-road.
en Höj, a hill.
en Indskrift, an inscription.
en Præst, a clergyman.
Aarhundrede, century.
gudfrygtig, pious.
staae i Ens Magt, to be in
one's power.
Ry, repute.
en Skytsherre, a patron.
Jorder, lands, grounds.
see tilgode, to benefit.
skænke, to give.
omride, to ride round.
et Föl, a foal.
et Bad, a bath.
ride godt til, to gallop.

pag. 100.

Hoffolk, courtiers.
skynde sig, to make haste.
holde Bön, to pray.
under aaben Himmel, in the
open air.
pleje, to be accustomed to.
en Hue, a cap, bonnet.

Handsker, gloves.
en Solstraale, a sunbeam.
falde ned, to fall down.
sorgfuld, afflicted.
en Klosterbroder, a monk,
friar.
et Samfund, a community,
an association.
selvtolvte, with eleven others.
forhaanden, approaching.
Medbør, fair wind.
Messen, the liturgy.
et Skib, a vessel.
paa engang, suddenly, on a
sudden.
ved Siden af, side by side.
sætte sig op, to mount.
falde isövn, to fall asleep.
vaagne op, to awake.
finde sig, to found himself.
undervejs, on the way.
en Rejsefælle, a travelling
companion.

Troldfolk,
Höjfolk, } mountain-sprites.
Ellefolk, fairies, elves.
Nisser, brownies.
vedkjende, to confess.
Smaafolket, } fairies, brownies.
de Under- } the subterra-
jordiske, } nean-people.

pag. 101.

Vorherre, God, the Lord.
udstöde, to cast out.
en falden Engel, a fallen
angel.
en Ellemose, an elm-moor.

en *Gaard,* a court-yard.
vadske, to wash.
skjule, to hide.
tilstede, present.
utvættede (tvætte), not washed.
Menigmand, common people.
fortrædige, to vex.
Haandsrækning, manual help.
flytte Kvæget, to move the cattle.
hjælpsom, willing to help.
varetage, to have an eye upon.
synsk, visionary.
sid, low.
dejlig, charming.
et *Dejgtrug,* a kneading trough.

pag. 102.

udspile, to stretch out.
puste, to blow, puff.
en *Runddands,* a circular dance.
en *huul Ryg,* a hollow back.
Klint, cliff (on the sea-coast).
Herredskæl, the boundary of a district.
en *Egeskov,* a wood of oaks.
drabelig, stalwart.
Dronningstolen, (the queen's seat).
Sommerspiret, (a spire in the summer).
en *Klintekonge,* (the king of the cliff).
fjendtlig stemt, inimical.
spejde, to spy.

krige, to wage war.
indtage, to take.

pag. 103.

fare hen over, to rash along.
kunstig, curious.
Vrinsken, neighing.
verdslig, worldly.
efterhaanden, by an by.
Klokkeringning, the sound of bells.
vende Ryggen til, to leave.
særegen, peculiar.
udholde, to endure, bear with.
Straa, straw.
Trommeslag, beats of drum.
sörge for, take care of.
et *Gilde,* a banquet, merry making.
klarlig, clearly.
Lille Trold, my dear brownie.
en *Vold,* a wall, rampart.
ikke have Noget imod, to have no objection.
undlade, to omit.
det fejler ikke, there is no want of.
Ulempe, inconvenience.

pag. 104.

snild, shrewd.
kløgtig, clever.
dreje en Knap, to humbug.
plöje, to plough.
iagttage, to observe, notice.
gjöre Undskyldning, to apologize.
Udbytte, clear profit.

208

Udsæden, the seed.
skifteviis, to take turns.
en Gulerod, a carrot.
Roden, the root.
undertiden, sometimes.
laane, to borrow.
Velvilje, good-will.
Potteskaar, pot-sherd.
Besigtigelse, search, examination.
række, to hand.
en Guldmynt, a piece of golden coin.
gloende, burning.
kræve, to claim.
hævne sig, to take revenge.
Laanet, the loan.
Lön, reward.
Rødsteen, red chalk.
en Bjergpusling, a mountain sprite.
en Klippe, a rock.
Sandsteen, sandstone.
Lag, stratum, lager.
          pag. 105.
Skifer, clay slate.
Okker, ocher.
snever, narrow.
Skrænt, slope, declivity.
skøtte om, to choose, to like, to meddle with a thing.
pusle, to trifle.
Orgelmusik, organ-church-music.
desuden, besides.
allehaande, all sorts.
leje, to hire.

sidst afdøde, the last.
Øboerne, the insulars.
gjøre Stads, to make a show.
pille Mos af, pick out the moss.
feje, to sweep.
Medynk, pity.
Higen, a strife.
de fleste, most of them.
Opfattelse, view.
en Skjald, a poet.
en Skovtrold, a satyr.
knuge, to press, squeeze.
Marv, marrow.
Knæled, knee-joint.
          pag. 106.
Havfruer, mer-maids.
rimeligt, most likely.
et Ørige, a kingdom of islands.
forudsige, to foretell.
foroven, above.
forneden, below.
overgaae, to surpass.
Anseelse, consideration.
berette, to relate.
gjentagne Gange, several times.
arve, to succeed to.
Nordpynt, the northern point.
Grunde, grounds.
en Havmand, a mer-man.
en Legeplads, a play-ground.
Aamanden, the rivulet-god.
idetmindste, at least.
Menneskeoffer, human sacrifice.
en Ager, a field.

en Eng, a meadow.
grum, ferocious.
dreje og vende, twist and turn.
slaaes, to fight.
tilbunds, to the bottom.
drille, to annoy, teaze.
en Færge, a ferry.
pag. 107.
ville over, wish to cross.
opbevares, put in mind.
Ægtefolk, man and wife.
afsidesliggende, remote.
hvorsomhelst, wheresoever.
slaae op, open.
et Varsel, an omen.
Varetægt, care.
Loftet, the cockloft.
Snefog, a snow-storm.
indfyge, to drift up with snow.
skænde og brænde, to ravage with fire and sword.

en Perle, a pearl.
svömme, to swim, to float.
en Vove, a wave.
en Slette, a plain.
en Ager, a field.
en Skov, a wood.
række, reach.
stakket, very short.
blomstre, to flourish.
udsige, to tell, say.
Vælde, power.

Modersmaal, native language.
himmelsk, heavenly.

Lyd, sound.
blaane, turn blue.
den Spæde, a baby.
Fryd, joy, delight.
Issen, the crown of the head.
graane, to turn grey.
söd, t, sweet.
Eftermæle, memory.
en Röst, a voice.
Vuggesang, lullaby.
hue, to like.
Klang, sound.
lalle, to prattle.
Lyst, pleasure.
Nöd, distress.
Kraft, energy, strength.
Folkemunde, national tongue, (common talk).
sjunge, synge, to sing.
en Lund, a grove.
pag. 109.
et Rosenbaand, a tie of union.
omslynge, to twist round.
gynge, to swing.
Hjertesprog, the heart's language.
løs, slack, vague.
fremmed, foreign.
alene, only.
vække, awake.
Dvale, dosing.

dejlig, beautiful.
ligne, to resemble.
prise, to praise.
højbaaren, high-born.
ædel, noble, of noble birth.
en Kongebrud, a Royal bride.

14

yndig, charming.
ligge paa Læben, to be on the tip of the tongue.
Elskov, love.
sagte, soft, gentle.
Sejr, victory.
Chor, choir, chorus.
trang, t, narrow, depressed.
Sorg, sorrow.
svulme, to swell.
Lyst, pleasure.
skænke, to give.
en Tone, a tune, tone.
lette, to alleviate.
sværme, to roam, make excursions.
søge, to seek, search, look for.
svunden, past, by-gone.
Viisdom, wisdom.
fjern, far, distant.
Klögt, sagacity, cleverness.
lokke, to allure, decoy.
drage, to draw.
følge, to follow.
en Fremmed, a foreigner.
volde, to cause, occasion.
Trældom, thraldom, bondage.
en Borg, a castle.
at mene, to have the intention, to think.
Baand og Bast, irons, fetters.
at lee, to laugh.
hjertelig, heartily.
en Lænke, a chain, fetter.
briste, to burst, break.
en Skjald, a minstrel, skald.
et Sæde, a seat.

stærk, strong.
trofast, faithful, trusty.
en Vagt, a watch, guard.
pag. 110.
lytte, to listen.
en Brynje, a cuirass.
dække, to cover, protect.
Skjemt, jest, joke, sport.
et Smiil, a smile.
et Kogger, a quiver.
hvas, sharp, acute.
en Piil, an arrow.
en Steen, a stone.
en Muur, a wall.
hegne, to enclose, fence.
Aarene rulle, year after year runs away.
skifte, to change, shift.
glemmes, to be forgotten.
Snee, snow.
ifjor, last year.
en Slægt, a generation.
segne hen, to sink down.
Nornen, one of the Scandinavian destinies.

en Sommerdag, a summerday.
Söen, Havet, the sea.
stramme ud, to stretch.
et Klæde, Klædebon, a garment.
en Flade, a plane.
klar, lys, clear, light.
bly, bashful.
træde, to thread.
en Bred, Strandbred, a bank.
Blomstersiv, flowery rush.

væde, to make wet, moisten.
Brag, crash, crack.
sölversmukke, of a silvery hue.
vugge, to rock.
en Snekke, a bark, a ship.
hist, yonder.
flyde, to float.
en Svane, a swan.
puste sig op, to puff up.
et Sejl, a sail.
langsomt, slowly.
Kjölen, the keel.
skyde sig frem, to slide, glide.
et Purpurflag, a purple flag.
en Flok, a flock, troop.
Zefirer, Zephyrs.
bölge, to wave.

---

pag. 111.
en Nationalsang, a national-
song.
Höjmasten, the high-mast.
et Værge, a weapon.
hamre, to hammer.
en Hjelm, a helmet.
Hjernen, the brain.
synke, to sink.
Spejlet, Agterspejlet, the stern,
sternframe.
Rög, smoke.
Damp, steam, vapour.
at flye, flygte, to fly.
en Kamp, Krig, a struggle,
war.
en Storm, a storm, tempest,
gale.
at hejse, to hoist.
Fjenden, the enemy.

et Skjul, a shelter, hiding-
place.
Strid, strife.
Nordhavet, the Northern sea.
et Glimt, glimpse, flash.
mörk, dark.
at tye, to seek refuge.
at lyne, to lighten.
Skræk, terror, dread.
Valen, the field of battle.
Vraal, bawl, roar.
Vold, give sig Gud i Vold,
to commend one's self
to God.
en Vej, a way.
Roes, praise.
Magt, power.
sortladen, swarthy, dusky.
uforsagt, undaunted, intrepid.
möde, to meet.
en Fare, a danger.
Foragt, contempt, disdain.
pag. 112.
rask, quick, brisk.
Larm, alarm, noise.
Spil, martial music.
Kamp, fight, combat.
Graven, the grave, tomb.

---

en Vang, an enclosed field.
lukke, to close, to shut up,
locked up.
voxen, grown.
Leding, a warlike expedition.
Saxer, the Saxons.
Slaver, the Sclavs.
Vender, the Wendes.
et Tog, an expedition.

14*

212

mangle, to want.
Ledet, the gate, wicket.
af Lave, out of order.
et Belt, a belt.
et Sund, a sound.
indhegne, to enclose.
allevegne, vide Vegne, every where.
værne, to defend, protect.
Klint, a cliff on the sea-coast.
en Nabo, a neighbour.
iblinde, blindly, heedlessly.
i Lave, ilave, in order.
en Törning, a striking, fight.
forfalde, to decay.
hyre, to watch, guard.
Hofbud byder, have the command.
signe, to bless.
Nöd, need.
Trang, want, distress.

pag. 113.

Knægte, young men, fellows.
frisk, bravely, boldly.
fægte, to fight.
være i Dvale, to be dosing.

---

höj, (höjere, höjest), high, elevated.
et Bjerg, a mountain.
vide, wide.
end, than.
en Bakke, a hill, a rising ground.
en Slette, a plain.
en Grönhöj, a grassy hill.
Dannemænd, Danish people.

tage tiltakke, to be satisfied with.
Höjhed og Blæst, passion for a high station, or for show.
tjene En bedst, to be most fitting or useful.
en Egn, a country.
udenlands, abroad.
et Bögetræ, a beech.
Stranden, the strand.
fager, fair.
en Kjærminde, a fine blue flower.
en Vugge, a cradle.
blommet, blomsterrig, flowered.
en Bedrift, an achievement, a deed.
Ære, honor.
Sold, pay.
maaske, perhaps.
en Udlænding, a foreigner.
omsonst, to no purpose.
et Skjold, a shield.
et Hjerte, a heart.
en Löve, a lion.
en Örn, an eagle.
rives, to scramble, fight.
Jorderige, all the earth, the world.
bytte, to change.
skifte, to shift.
Folk, people.
sagtens, most likely.
mellem, amongst.
til Huusbehov, for household use.
Vid, wit.

grunde, to ponder over, meditate upon.

nok, well.

langt finere, much finer, more elegant.

et Sprog, a language.

pag. 114.

Höjhed, elevation.

Dejlighed, beauty.

Sandhed, truth.

træffe paa et Haar, explain to a hair.

smelte, to melt.

slaae, to strike.

Malm, ore, metal.

hvid, white.

röd, red.

Bytte, prey, exchange.

findes, to be found.

Fattigmand, poor people.

en Hytte, a hut, cottage.

Rigdom, riches, opulence.

drive vidt, to make great proficiency.

Faa, few.

Færre, fewer.

Landsfader, King, the father of his people.

engang, by and by, once.

opdage, find out, discover.

en Æt, a family, line.

Mage, equal.

Stammen, the tribe.

Roes, praise.

Drot, King.

et Spørgsmaal, a question.

mene, to mean, to be intentioned.

en Due, a dove, pigeon.

Alder, Tidsalder, age.

höjlove, to praise highly.

Alfarvej, the highway, highroad.

tarvelig, frugal, unpretending.

Vilkaar, circumstances.

vist, certainly.

passe, be suitable.

Fædre, forefathers.

Barndom, childhood.

græde, to weep, cry.

lee, to laugh.

Manddom, manhood.

en Gjerning, a work, doing.

lukke Øjet, to die.

Foraaret, the spring.

et Tag, a roof.

en Bögestamme, the trunk of a beech.

pag. 115.

Bolstre, bolster, ticking.

grøn, green.

guul, yellow.

blaa, blue.

oprede, rede Seng, to make a bed.

et Kammer, a chamber, room.

Kjælderen, the cellar.

en Mølle, a mill.

Drevet, the cog-wheel.

en Bonde, a peasant.

Stuen, the ground-floor.

flink, clever.

gæv, bold, gallant.

Korn, corn.

gylden, golden.
en Væv, a loom.
Fuglesang, warbling of birds.
et Loft, a ceiling, loft, cock-
loft.
et Loftskammer, Loftsrum, a
room in the cockloft.
trende, tre, three.
blank, bright.
et Gjærde, a hedge.
et Lukke, a fastening, lock.
et Led, a wicket, gate.
skærme, to shield, protect.
en Væg, a wall.
Regnen, the rain.
Dryp, a drop, drip.
Solens Skin, the sunshine.
Vrøvl, Nonsense.
trænge igjennem, to force a
way, penetrate.
en Nabo, a neighbour.
en Gaard, a propriety.
sexogtredive, thirty six.
et Buur, a division, a cage.
hellere, helst, most willingly,
in preference.
Eventyr, adventure.
forinden, within.
staae under Pidsk, to be
subjugated, subdued.
Fyren, the fellow.
spille frisk, to be a blade,
a spark.
øverst, at the chief end.
Disk, table, board.
puffe, to pop, thump.
en Krog, a corner.
en Herremand, a squire, lord
of a manor.

et Rige, a kingdom.
Verden, the world.
gaae i Spænd, to be asso-
ciated.
Smaafolk, plain people.
en Lige, Ligemænd, an equal.
drikke Dus, be on terms of
intimacy.
spytte, to spit.
et Kruus, a jug, mug.
først for Alt, fornemmeligen,
above all.
søndre, sydlig, southern.
bøde, to mend.
en Skee, Muurskee, a trowel.
et Sværd, a sword.
Lænden, the loin.

pag. 116.

ræd, frightened, afraid.
træt, tired, fatigued.
tæt, tight.
tryg, safe.
Vaaren, the spring.
en Pude, a pillow.

Hjemvee, home-sickness.
Aftenluft, evening breeze.
hvorhen, whither.
vinke, to beckon.
Hu, mind.
sval, cool.
Blomsterduft, fragrance of
flowers.
hviden Strand, the white sea.
elsket, beloved.
Fødeland, native-land.
tolke, to interpret.
dølge, to conceal.

mat, weary.
luerød, flame-coloured.
synke ned, to sink.
dunkel, mørk, dark, dim.
Ensomhed, loneliness, solitude.
hjemme, at home.
et Fjeld, a mountain.
ude, abroad.
barnlig, childlike.
blunde, to slumber, sleep.
en Lund, a grove.
Norge, Norway.
mindes, to remember.
Rolighed, repose, quietness.
Lyst, pleasure, joy.
at boe, to live, dwell.
de samme Ord, the same words.
hellig, holy, sacred.
Længsel, longing.
Vælde, power.
Begge, both.
vant, tilvant, to be accustomed to.
at troe, to believe.
en Klippe, a cliff.
indpræge sig, to stamp on.
disse, these.
nøgen, bare, naked.
vende sig fra, to turn away.
Sindet, the mind.

pag. 117.

Granen, the pine.
Fyrren, the fir.
Lov, praise.
gusten, sallow, wan.

krumme, snoe sig, to twist.
dysse i Slummer, to lull asleep.
rinde, to run, flow.
en Flod, a river.
sid, low.
leret, clayish.
en Kilde, a well, spring.
brede sig, to square one's self.
slynge sig, to wind, twine.
en Datter, a daughter.
Barmen, the bosom.
forlyste sig, to delight in.
Sjölunda, Sealand.
en Baad, a boat.
hisset, yonder.
Siv, rush.
Krat, thicket.
en Mø, a maid, virgin.
en Cither, a cithern.
tavs, silent.
en Sommernat, a summernight.
reen, pure.
Lyst, delight.
hvor, hvorledes, how.
kvæge, to refresh.
savne, to feel the want of.
kvæde, to sing.
den danske Tunge, the Danish tongue.
groe, to grow.
maaskee, perhaps.
tilgive, to forgive.
ufrivillig, involuntary.
længselsfuld, longing.
saadan, such.

216

pag. 118.

et Minde, en Erindring, a re-
collection, remembrance.
vende tilbage, to come back,
return.
en Klage, Beklagelse, regret,
lamentation.
tidlig, early.
miste, to lose.
gjøre vee, smerte, to grieve,
it grieves me.
svagt, skrøbeligt, usikkert,
weak, frail, uncertain.
Skjæbnen, the destiny, for-
tune.
Varme, Hjertevarme, warmth,
warmth of heart.

———

en Baare, a bier, coffin.
hvad, what.
et Tab, a loss.
rastløs, active, never resting.
skabe, to create, make.
henskylle, henile, to glide,
wash away, run.
briste, to break.
banke, to beat, throb, palpi-
tate.
ømt, tender.
mild, mild.
dømme, to judge.
en Dom, a judgment.
fortolke, to interpret, ex-
pound.
skjøndt, endskjøndt, though,
although.
Fremtiden, the futurity.
en Frugt, a fruit.

love, to promise.
sove, to sleep.

———

Eenhed, unity.
Norden, Skandinavien, the
North, Scandinavia.
herlig, glorious.
spalte, to split.
sygne, to sicken.
et Skud, en Green, a branch.
Kraften, the strength, energy.
beherske, to rule, master.
Sul, Næring, support, main-
tenance.

pag. 119.

atter, again.
skille, adskille, to separate,
withdraw from.
böje sig sammen, to bend
together, join.
vorde, to become.
mægtig, powerful.
Folkenes Sag, the cause of
nations.

———

en Tanke, a thought.
et Ord, a word.
fri, t, free.
dristig, bold, intrepid.
taale, to bear, submit to.
ændse, to notice.
en Skranke, a bound.
baade, to profit, benefit.
alene, only.
Havet, the Ocean.
hvile, to rest, repose.
død, t, dead, inanimate.
ufrugtbar, sterile, unfruitful.

et Skib, a vessel.
ile, to hasten, hurry.
kjæk, brave, bold.
en Harpe, a harp.
en Stræng, a string.
urørt, not touched.
gravlægge, to bury.
vente, forvente, to expect.
Opstandelsen,the resurrection.
en Støtte, a statue, column.
klinge, to sound.
Solguden, the Sun.
straalende, radiating.
en Straale, a ray, beam.

Knud, Canute.
drabelig, doughty, bold.
huld, faithful, loyal.
sammensmelte, to unite, join, combine.
höjt, lydelig, loud.
en höj Sal, a large hall.
en Skjald, a minstrel, bard.
en Idræt, a deed, action.
Hymner, hymns.
kraftig, kraftelig, zealous, energetic.
tankefuld, thoughtful.
blusse, to glow, blush.
          pag. 120.
sørgmodelig, sorrowful.
støtte, to lean.
Hoffet, the court.
svundne (svinde), past, bygone.
falde En ind, call to mind.
monne, maatte, will.

væde, to wet, moisten, bedew.
sukke, to sigh.
forgætte, forglemme, to forget.
en Synd, a sin.
et Regnebræt (Brøde, Skyld), an abacus, a ciphering board (guilt, debt).
udslette, to blot out.
Ungdommen, the youth.
Stolthed, pride.
Foragt, disdain.
gaae fremad, forward, onward.
modløs, fain-hearted.
forstærke, to strenghten, reinforce.
Magt, power.
forbinde sig, to ally one self with.
en Forræder, a traitor.
djærv, bold.
Kirken, the church.
ombringe, to kill, slay.
uskyldig, innocent.
en Altertavle, an altar-piece.
ej blot, not only.
tidt, often.
Rænker, intrigues, machinations.
krænke, bedrøve, to vex, grieve.
et Sværd, a sword.
et Værk, a work.
fremskynde, to hurry on.
storme, to rush, storm.
Herrefærd, warfare.
en Syssel, an occupation, a business.

ynde, to be fond of.
aabne, to open.
en Stemme, Røst, a voice.
trøstløs, trøstesløs, inconso-
lable.
bleg, blegne, pale, turn pale.
Graad, Taarer, tears.
mens, medens, while.
en Bænk, a bench.
en lang Rad, Række, a long
row, rank.
et Guldhorn, a drinking horn
of Gold.
Hvermand, Enhver, every
body, every one.
fornöjet, delighted, happy.
trine, to step.
ophöjet, elevated, illustrious.
tvinge, undertvinge, to subdue.
udstrakt, extensive.
ustraffet, without to be pu-
nished.
modstaae, modstande, to re-
sist, withstand.
taalmodig, patiently.
Harme, wrath.
daarlig, foolish.
forvoven, audacious.
snarlig, soon, quickly.
en Ridder, Hofmand, a knight,
nobleman.
de blanke Sale, the stately
halls.

pag. 121.
en Stol, a chair.
Bud, Bydende, command-
ment, order.
en Borg, a castle.

en grøn Dal, a verdant val-
ley.
den hvide Strand, Strandbred,
the white beach.
langsom, t, slow, ly.
skylle, skvulpe, to dash.
steenbesat, ornamented with
precious stones.
et Glavind, a glaive.
et Bælte, a girdle.
en Krone, a crown.
et Scepter, a sceptre.
et Fjed, a step.
besjæle, to animate.
nysgjerrig, prying.
en Hofmand, a courtier.
ønske, to wish.
tie, to be silent.
vandre, to walk.
en Purpurkaabe, a purple
mantle.
sidde, sætte sig, to sit down.
tilhøre, to belong.
begave, to gift.
lyde, adlyde, to obey.
nærme sig, to draw near.
som sædvanlig, as usual.
vant, habitual.
dølge, to conceal.
et Bølgeslag, a lashing of
the waves.
jage frem, to drive on.
brat, immediately.
svanger, big.
trænge sig frem, to press
forward.
besprænge, to sprinkle over.
rejse sig, to get up, to arise.

udbryde, sige, to say.
saaledes, thus, in this manner.
isandhed, indeed, verily.
en Kristen, a Christian.
burde vide, ought to know.
foruden, undtagen, except.
grunde, skabe, make.
Røre, movement.

pag. 122.

mægte, to have sufficient power.
tvinge, to subdue.
saare ringe, very insignificant.
Ædelstene, precious stones.
svar, svær, heavy.
ydmyg, humbly.
bære, to carry.
knæle, to kneel down.
bekjende, to confess.
en Angerstaare, a tear of repentance.
trille, to run down.
den Korsfæstede, our crucified Saviour.
Martyrkviden, the pain of martyrdom.
aldrig, never.
siden, since that time.

Farvel, Farewell.
synke, to sink.
den fulde Maane, the full moon.
Øresund, the Sound.
en Stjernebue, a starry vault.

beskue, to contemplate.
dæmpet, subdued.
Brøden, the guilt.
bortstøde, to disown, cast off.
nænne, have the heart.
monne, would, wished.
en Sky, Skyerne — Himlen, a cloud, the sky — heaven.
være Vidne, to bear testimony.
Sönlighed, filial love.
at finde, to find.
en Slette, a plain.

pag. 123.

hver en Kant, in every place.
derfor, therefore.
Fædrejord, native country, fatherland.
fremfor, in preference to.
Strande, coasts.
et Tempel, a temple.
lys, bright.
berede, to prepare, make ready.
hvorved, by which, by which means.
Kunst, Videnskab, art, science.
dunkel, dark, dim.
Vejen, the way.
betegne, point out.
ligemeget, of no importance.
en Egn, a country.
allevegne, everywhere.
behøve, to want, need.

220

grönklædt, grassy.
lönlig, secret.
luun, sheltered, warm.
sval, cool.
Slud, sleet.
en Brud, a bride.
evig, eternal.
Pragt, pomp, splendour.
udsmykke, to embellish.
spraglet, motleycoloured.
en Klædning, Dragt, a dress.
skærme, to protect, shield.
Ly, shelter.
trindt, around.
prunke, to make a show.
nysprungen, just in leaf.
ungdommelig, youthful.
Løvhæng, a festoon of leaves.
vinget, bevinget, winged.
bygge og boe, take up one's
    abode.
raslende, rustling, rattling.
pible, to bubble, purl.
løvrig, leafy.
Væld, Kildevæld, fountain
    head.
snoe sig, to wind, twist.
løve, to loiter, linger.

pag. 124.

Suus, Susen, whistling, whistle.
straalagt Tag, a thatched roof.
forraade, to betray.
et Vindue, a window.
snehvid, snow white.
en Rosenhæk, a hedge of
    roses.
andengang, for the second
    time.

spejlklar, bright as a mirror.
usete, unseen.
Lyst, Fryd, pleasure, joy,
    delight.
fremstige, to come forward,
    to rise.
en Bjergtinde, the summit,
    top of a mountain.
neddukke, to dive, go down,
    to set.
en Karm, a close, carriage.
favnende, embracing.
en Dugdraabe, a dewdrop.
det selvsamme, all the same.
en Lilie, a lily.
en Tvillingblomst, double flo-
    wers.
ændse, to notice.
tælle, to count.
mærke, take notice of, per-
    ceive.
før, fordum, formerly, past.
siden, afterwards, future.
fatte, to understand.
et Nu, the very instant.
en Sanger, Skjald, a poet,
    bard.
falme, to fade.
Høsten, the harvest.
en Dröm, a dream.
henfaren, past, by-gone.
engang, once.
i mit 16de Aar, as I was
    16 years old.

pag. 125.

bruse, to foam, roar.
Taage, fog, mist.

bortvige, forsvinde, to move off, disappear.
Ømhed, love, tenderness.
miste, to lose.

---

nærme, to draw near, approach.
væk, away.
kun, only, but.
paa Træk, in passing by.
andensteds, elsewhere, in some other place.
betynge, make heavy.
en Gjennemrejse, a passage through.
mørke Dage, days of sorrow.
rive, sønderrive, to tear.
en Fjer, a feather.
en Vinge, a wing.
et Buur, a cage.
snever, narrow.
tvinge, kue, to subdue, weigh down.
Kost og Ly, board and residence.
stakkels, poor.
gjældbunden, involved in debt.
en Fange, a prisoner.

pag. 126.
alligevel, nevertheless.
en Smule, a bit.
titte, to peep.
stundom, sometimes.
en Vemodsrøst, a sad, afflicted voice.
et Gitter, a lattice, bar.

lytte, to listen.
en Vandrer, a wayfarer, wanderer.
hidtræde, to step hither.
en Livsfange, a prisoner for life.
i Kvæld, in the eve, evening, twilight.

---

tidt, often,
en Have, a garden.
paa Sommerviis, in summerdress.
hver en Morgen, every morning.
hæve sig, to lift up.
Fuglesang, warbling of birds.
tage tilfange, to overpower, make a prisoner.
Paradiis, paradise.
Forliis, loss.
Herlighed, glory.
en Slange, a serpent, snake.
friste, to tempt.
tilbunds, thoroughly.
oplukke, to open.
miste, to lose.
faae Ende, be put or brought to an end.
et Kundskabstræ, a tree of knowledge.

---

det andet Liv, the eternal life.
pag. 127.
en Forfatter, an author.

Gjensyn, seeing, meeting again.
forvente, haabe, to expect, await.
Trøst, consolation.
snar, hurtig, quick, swift, rapid.
Stigen, rising.
fæste Rod, to strike root.
Hvile, rest, repose.
Samliv, Forening, union, association.
trænge, to be in need of.
blande, to join, combine.

———

Fremtidsliv, future life.
omskinne, to shine around or about.
morgenrød, rosy.
Stræben, striving.
gløde, to glow.
høste, to reap.
saae, to sow.
Fuldendelsen, the accomplishment.
Fremgang, improvement.
hidtil, hitherto.
en Ström, a stream, current.
rulle, ile, to roll, hurry on.

———

at skrive kort, to be brief, write briefly.
fordrive, drive away, expel.
anføre, to state.
kjøre til Skoven, to take a drive in the wood.

smaa Börn, little children.
ville gjerne, to wish.
pag. 128.
røre, to affect, move.
en Vogn, a carriage.
uvoren, unmannerly, rude.
Tankepuslinger, mannekins of ideas.
plages, to be troubled.
voxe, grow up.
opdrages, be educated, bred.

———

forleden, the other day.
pludselig, suddenly, on a sudden.
bortsvinde, to disappear.
en Lædskedrik, a refreshing beverage.
et tungt Blik, a ponderous, melancholy look.
hvis, if.
böjet, weighed down by sorrow.
en Piil, an arrow.
Hvinen, a whistling sound.
en Violin, a violin.
sønderslaae, to smash to pieces.
sammenföie, to join together.

———

angre, to repent of, to regret.
Gjæld, debt.
besvære, to load.
et Skrækkebillede, a frightful image.

en Skat, a treasure.
en Debitor, Skyldner, a debtor.
Fryd og Lykke, joy and happiness.

pag. 129.

opgjøre Regnskab, to be called to account.
klare, to clear, settle a matter.
en Alen, an ell.
naar, when.
spøge, lege, to play.
tilhest, on horseback.
Mismod, despondency.
Uro, anxiety.
Grublen, musing.
Harme, wrath.
mig syntes, it seemed to me.
tillige, at the same time, also.
slem, bad.
en Stjerne, a star.
en Prik, a point.
fange, to catch.
Maanen, the moon.
glide, to sail, glide.
rigtig, nöjagtig, precisely, accurate.
faae at vide, learn to know.
hvoraf, whereof.
kjøn, pretty.
undrende, astonishing, surprising.
dale, to sink, go down.
om Morgenen tidlig, early in the morning.
en Perlerad, a string of pearls.
krandse, to wreathe.
Himmelbuen, the vault of heaven.

Andagt, devotion.
from, pious.

pag. 130.

stræbe, to strive.
lyde, adlyde, to obey.
ukjendt, unknown.
en Stodder, a beggar, pauper.
krum, bent.
svinde, to pass away.
blid, skjön, herlig, charming.
Erindringen, the remembrance.

———

EnglenesSang, Song of Angels.
vorde, to become.
forladt, forsaken, abandoned.
eensom, lonely.
Dagen over, all the day long.
husvale, to solace.
Midnatstide, at midnight.
fødtes, was born.
bitter Smerte, bitter grief.
Gjenlyd, echo.

———

Alene, alone.
en Hjort, a stag.
rask, quick, brisk.
lystigt Mod, cheerfulness.
klar, bright.
knejse, to assume a stately attitude.
sine TakkersGrene, his antlers.
en Hind, a hind.

pag. 131.

en Busk, a bush.
glad, fro, glad, happy.

hvi, why.
hoppe, to hop.
fange, faae igjen, to catch.
bag, bagved, behind.
en Mage, a hen.
en Bølge, a wave.
slaae mod Stranden, dash against the beach.
lege, to play.
lyseblaa, light blue.
en Vraa, a nook.
mørke Tanker, sad thoughts.
Bølgeskum, foam.
en Straale, a ray.
Glands, glance.
bævende, twinkling.
vemodig, sad, afflicted.
lyde for, to catch a sound.

---

troe paa, to trust in.
en Sky, a cloud.
et Rosenskær, a rosy tint.
tynge, to weigh down.
Nattedug, night-dew.
Flade, plane.
speile sig, to reflect.
       pag. 132.
mod, towards.
Lærkens Slag, the lark's warbling.
lummerhed, sultry.
spænde, to excite.
Senerne, the nerves.
længes, to be longing.
knitre, to flash.
smægte, vansmægte, to languish.

sitre, to vibrate.
drage sammen, to unite, join together.
adskille, to separate.
vugge, to rock.
luun, warm.
Sommervind, breeze.
et Savn, a lack.
forbitre, to embitter.
opfyldes, to be fulfilled.
flygte for, to flee from.
forgyldes, to be gilt.
vaage for, to keep watch over.
Modgangstimen, the hour of adversity.
lejre sig, to suffuse.
tromme i Øret, to sound in the ear, slander.
vaande sig, to groan.
et Naalestik, a needle's prick.
svinde, to depart.
smuldret, hensmuldret, crumbled into dust.
Hvælv, arch, vault.
Kraften fattes, the strength is failing.
holde paa sig selv, to keep up the spirit.
Afskedsklokken, the parting hour.
Dødslilien, the sign of death.
Støvdragt, vesture of clay.
liflig, pleasant.
hensmelte, høres, melt away, to be heard.

---

pag. 133.
svulme, to swell.
et Heltebryst, a heroic bosom.
knuses, to be crushed.
klinge, to sound.
en Ganger, a steed.
snoe sig, to wind.
en Skare, a crowd, host.
en Ørn, an eagle.
et Fangebuur, a cage, prison.
en Lee, a scythe.
en Stridsmand, a warrior.
et Skød, a bosom.
risle, to murmur.
sörge, to mourn.
en Piil, *et Piletræ*, a willow.
en Kvinde, a woman.
en Vugge, a cradle.
Glutten, the baby.
Kamp, strife.
svunden, past.
Storhed, grandeur.

usynlig, invicible, unseen.
höjre, right.
venstre, left.
kjærlig, kindly.
Id, deed, action.
bevare, to keep in mind.
pag. 134.
et Palmeblad, a palm-leaf.
forsegle, to seal.
Flid, zeal.
uærlig, dishonest.
ufrom, irreligious, undevout.
Brøden, the guilt.
strax, instantly.

tøve, to hesitate.
gjemme under Segl, to put under seal.
udslette, to blot out.
angerfuld, repentant.
vende, *forandre*, to turn, change.
Hu, *Sind*, mind.
en Angerstaare, a tear of repentance.
væde, to moisten.
et Syndebrev, sinful actions.
græde, to weep.

forfølge, to persecute.
en Stund, a while.
Haan, disdain.
Plage, sufferings, torment.
udstaae, to suffer, endure.
Tungen, the tongue.
klæbe, to cleave.
Ganen, the palate.
lydløs, soundless, noiseless.
Støv, dust.
Stöj og Bulder, hurly-burly.
Smertensvej, painful way.
pag. 135.
Korset, the cross.
en Byrde, a weigh.
vaande sig, to suffer inwardly.
Sved, perspiration.
ynkes, to take pity.
Issen, the crown of the head.
Luer, beams, flames.
i det Fjerne, in the distance.
standse, to stop.
overvældet, overwhelmed.

Tyngde, weight.
maalløs, speechless.
Vee, agony.
en tæt Folkeskare, a crowd of people.
en Kvinde, a woman.
ærbar, modest.
ydmyg, humble.
Had, hatred.
Fare, danger.
en Svededug, a handkerchief.
svale, to cool.
herneden, here below.
trøstes, to be consoled.
forlystes, to be delighted.
et Lin, *Linklæde*, a linen kerchief.
Smerte, pain.
bedugge, to bedew.
formilde, to alleviate.
arve, to inheret.
for din Skyld ene, for thy sake only.

pag. 136.

fare heden, to die.
en Helgeninde, a saint.
fjerne sig, to retire, withdraw.
lide Nød, to be in need, to suffer.
minde, to remind.
Ordet, the word of God.
en Kilde, a well.
alene, only.
en Tornekrone, a crown of thorns.
ligge paa Knæ, to kneel down.
höjt, loudly.

love, prise, to praise.
fornærme, to insult.
Frygt, fear.
betvinge, to subdue.
fjern, distant.
Aftenrøde , Aftenskumring , the evening twilight.
Marterdøden, a painful death.
udfolde, to unfold, spread out.
Begejstring, enthusiasm.
farve, to colour.
et Under, a wonder.
Sind, mind.
et Billede, a likeness, picture.
trykket ind, impressed, stamped.
livagtig, living.
vandre, to wander.

pag. 137.

naaderig, gracious, merciful.
straalende, radiant.
Guddomsglorien, the glory of the Godhead.
et Sværd, a sword.
Honning, honey.
en Menighed, a congregation.
Himmelfreden, the heavenly peace.

___

Morgensang, morning hymn.
favr, fair.
munter, happy, joyful.
et Sneglehuus, a snail-shell.
Skaberen, the creator.
en Orm, a worm.
føde, to feed.
klæde, to cloth.

allermest, the very most, the most of all.
aande, puste, to blow.
Krybbestraa, straw in a manger.
foruden, without.
Gænge, rocking.
Himmeriges Fryd, joy in the kingdom of heaven.
en Eng, Blomstereng, a flowery mead.
en Börneven, a friend to children.
Barmen, the bosom.
velsigne, to bless.
tage i Favn, to embrace.
lære (Andre) to teach.
lære (selv), to learn.
evindelig, in eternity.

pag. 138.

et Kirketaarn, a church steeple.
Aftenklokken, the curfew, evening bell.
en Kvist, a spray.
Frænder, relations.
Fugleunger, young birds.
Kvæld, eve.
den stille Nat, the silent night.
etSkyggeflor, a shadowy crape.
Stjernevrimlen, the host of stars.
fuldklare, perfectly bright.
Höje og Ringe, high and low.
bevare, take care of.

udsprede, to spread.
vaage, to keep a watch.

pag. 139.

Velkommen, welcome.
velsignet, blessed.
kaare, to elect.
righoldig, precious.
Brudestyr, dower.
Lov, praise, renown.
nøje, thoroughly.
tolke, to tell.
et dejligt Hjem, a delightful home.
en Skat, a treasure.
Huuslivets Lykke, the sacred fire of home.
at haabe, to hope.
troe og bede, earnest faith and prayer.
længes dybt, to yearn.
Savn, Sorg, longing, desire, regret.
fatte, hige efter, to desire for.
Alkjærlighedens Kilde, the fount of love.
pag. 140.
et höjt Kald, a lofty destiny.
Livsens Krone, the crown of life.
Yndlingsblomst, fairiest flower.
Ledestjerne, guiding star.

Sorgen, the grief, affliction.
sværme, to swarm.
en Hær, a host, crowd.
Skrig, Graad, weeping.
Morgenskær, peep of day.

15*

228

Ærens Krands, the crown of glory.
Trylleri, enchantment, magic.
pag. 141.
smykke, to embellish.
gjemme, to keep.
indeni, inside, within.

Dødsöjeblikket, the dying hour.
lyse, to give light.
lutre, to purify.
briste, to burst, break.
Straaleglands, radiance.
mat, faint.
løsne, to loosen.
snever, narrow.
Smaa, little children.
overgaae, to exceed.
Systemer, sytems.
en Mid, a mite.
Guddomsfylde, fulness of the Godhead.
Taage, mist, fog.
læse ret, know to read.
herneden, here below.
Indre, heart.
Vee, pain, woe.
gjenkjende, to recognize.

---

oprejst, uplifted, raised.
Virakskyer, fragrant incense.
rundtom, to all sides.
blande, to mix, mingle.
Duft, perfume.
harmfuld, angry.

rynke Panden, to knit the brows, to frown.
pag. 142.
en Landse, a lance, pike.
et Pandser, a coat of mail.
en Melodi, a melody, tune, air.
Solglands, radiance of the sun.
en Blomsterkrands, a garland of flowers.
sagte, low, gentle.
bæve, to tremble, shake.
hviske, to whisper.
urofuld, restless.
tavs, silent.
böjet Hoved, weighed down.
skrækket, frightened.
en Mine, an appearance.
trine frem, to step forward.
munter Tale, cheerful, merry conversation.
lukke, to shut, lock.
gange, gaae, to walk, go.
et Dæmningsskær, a faint light.
pag. 143.
længselsfuld, longing.
træt, tired, weary.

---

en Skov, a wood, forest.
visne, to fade, wither.
seent, late.
herligt, godt, well.
slaae Rødder, to take, strike root.
en Trækfugl, a bird of passage.
hisset, hist, der, there.

en Sommerfugl, a butterfly.
et Skjul, Dække, a cover.
tvinge, undertvinge, to subdue.
krybe, to creep.
let, light.
Purpurvinger, purple wings.
Skyen, Himlen, the sky.
Langfredag, Good-Friday.
Paaskemorgen, Easter - morning.

----

pag. 144.
Baare, coffin.
knytte fast, to be much attached to.
vever, nimble, agile, clever.
et Sovekammer, a bed-room.
at slaae, to beat.
de Salige, the blessed, deceased.
misunde, to envy.
et Hjertesaar, a heartfelt grief.
livsalig, benign.
underfuld, wonderful, marvellous.

----

bange, anxious.
gak, gaa, go.
forskyde, to cast off, disown.
Budskab, tidings.
famle om, fumble.
iblinde, in the dark, blindly.
let at finde, not difficult to find.
Bön, prayer.
et Hjertesuk, a deep sigh.
sort, dark, black.

Storm og Lyn, storm and ligthning.
spærre, to bar.
skærme, to protect.
Englevagt, guardian angels. pag. 145.
ikke forstaae, not to know.
hvorledes, how.
Trøsteren, the Comforter, the holy Ghost.
Himmelsale, our heavenly home.
Hu, mind.
Troen, the faith.
et Suk, a sigh.
Din Villie ske! Thy will be done!
liflig, pleasant.
Naadens Borg, the throne of God.
hvad — — end, whatever.
lægge tilside, to put aside.
skikke til Sæde, to give a seat.
Himmelbud, heavenly messenger.
Taalmodighed, patience.
gjöre Følgeskab, to accompany.

----

pag. 146.
en Vold, a rampart, dyke.
en Tørning, a fight, combat.
forfalde, to decay.
en Vang, an enclosed field.
hyre, vogte (hyre, leje, to hire), to guard.

et Led, a wicket, gate.
af Lave, out of order.
et Overgreb, a grasp.
en Slaa, a bolt.
Godtfolk, the good folk.
Udenværker, outer works.
forstærke, reinforce, strengthen.
en Grændsevold, a frontier wall.
et Brystværn, a parapet.
en Frist, a respite.

pag. 147.

et Tilnavn, a surname.
en Oldefader, a great-grandfather.
bejle, to woo.
Dejlighed, beauty.
Kløgt, cleverness.
Fromhed, piety.
Ynde, grace.
erhverve, to acquire.
en Hedningedrot, a heathen lord.
grum, ferocious.
en Kristenfjende, an enemy of christendom.
en Afgud, a false god, idol.
mildne, to soothe.
Dyrtid, dearth.
et Kornhuus, a store.
spredt, scattered, dispersed.
tilbørlig, properly.
i Løndom, secretly.
dorsk, indolent.
sømme sig, to become.
en Skattedronning, a tributary queen.

hjertevred, very angry.
ikke lade sig mærke med, not to betray.
gjøre gode Miner, put a good face to fool play.

pag. 148.

skynde sig, to make haste.
Betænkningstid, time for consideration.
gaae ind paa, agree to.
Uraad, mischief.
eftergive, give up.
et Sendebud, a messenger.
ypperste, highest.
Værge, power.
en Pagt, an agreement.
tilgavns, completely, thoroughly.
et Iilbud, an express.
være tilsinds, to be disposed.

pag. 149.

Styre, direction.
frejdig, intrepid.
plukke, to rob, pluck.
et Morads, a morass.
bemande, to man.
en snever Sti, a narrow path.
med Forlov, by with leave.
halvvoxen, half-grown.
færdig, fuldendt, ready, finished.
en Gjennemkørselsport, a gateway.
en Favn, two yards.
sammesteds, in the same place.
frugtbar, fertile.
fordum, formerly.

forstyrre, to disturb.
hindre, to prevent.

pag. 150.
forløbe, to elapse.
faae Nys om, get a hint of.
snild, shrewd.
et Byggeforetagende, an erection of buildings.
tidlig, early, in good time.
rejse udenlands, to go abroad.
nutildags, now-a-days.
en Avis, a newspaper.
lejlighedsviis, occasionally.
et Foretagende, an enterprise.
lade som, to feign.
falde paa, to think of.
en Slette, a plain.
en Bom, a bar (turnpike).
stoppe, to stop.
forbitret, exasperate.
noksom, enough.
en Underretning, an information.
berolige, to calm.
føre bag Lyset, to deceive.
omme, over.
fastsætte, to fix.

pag. 151.
opslaae en Lejr, to encamp.
en Indviet, an initiated.
under fire Öine, privately.
tvertimod, on the contrary.
Paahør, in the hearing of, presence of.
afvise, to refuse.
afskye, to abhor.
Forlangende, demand.

Skam og Skændsel, shame and infamy.
være ligegyldig, be indifferent to.
lad, indolent.
skytte, to take care of.
sige Tak, to thank.
ulejlige sig, to trouble one self.
et Aag, a yoke.
lynslagen, thunderstruck.
hovedkulds, headlong.
lægge Raad op, to deliberate, consult together.
en Gidsel, a hostage.
et Træk, an incident.
bane Vej, to make way.
pag. 152.
en Hedning, a heathen.
vovelig, daring.
udfrie, to deliver.
piinlig, painful.
vildlede, to misguide.
undslippe, to escape.
en Overbringer, a bearer.
hylde,to favor,to do homage to.
helde til, to lean to.
et Dødsbudskab, tidings of death.
end monne være, even may be.
fager, fair.
Hærtog, military expedition.
ihjelskyde En, to shoot one dead.
Spisesalen, the dining-hall.
en Sörgedragt, a mourning-dress.
Hoffolk, courtiers.
Tyendet, the servants.

232

tavs, silent.
finde Sted, to take place.
hvi? why?
en Falk, a falcon.
en øde Mark, a waste field.

pag. 153.
tilintetgjort, destroyed.
fange, to catch.
dræbe, to kill.
öjeblikkelig, instantly.
sigte til, have reference to.
vist, visselig, surely.
Tidende, tidings.
Moderfølelsen, the maternal feeling.
en Smerte, a grief.
ramme, to strike.
overvælde, to overwhelm.
lede, to guide.
gaae tilsengs, to go to bed.
Kongeparret, theRoyal couple.
en Kongeborg, a Royal castle.
et Oldtidsminde, a relic of antiquity.
en Gravhøj,
en Kjæmpehøj, } a tumulus.
en Landsbykirke, a village church.
en Kilde, a well.
en Runesteen, a runic stone.
den sorte Skole, Necromancy.
et Sagn, a tale, legend.
en Oldgrandsker, an antiquarian.

pag. 154.
Vie til venstre Haand, a sort of morganatic marriage.
Adkomst, title.
et lovmæssigt Barn, a legitimate Child.
Vidnesbyrd, testimony.
Aandsevner, mental powers.

pag. 155.
tilskynde, to incite.
en Trolovet, a betrothed.
højtprøvet, highly tried.
uvejrsvangre, unhappy.
Samliv, marriage.
Statholder, governor.
efterkomme, to comply with, obey.
iscærdeleshed, particularly.
erhverve sig, to acquire.
Lærelyst, desire of learning.
omfattende, extensive.
musikkyndig, skilled in music.
Digtekunsten, the poetry.

pag. 156.
Lykkestjerne, star.
dale, go down.
hylde til Konge, elect a King.
Tvistighed, dispute, difference of opinion.
utilbørlig, improper.
forhale, to postpone.
komme til Roret, to govern the kingdom.
en Haandfæstning, a charter.
paa spændt Fod, a coolness between persons.
Udfaldet, the issue, result.
Sendelse, embassy, mission.

egenraadig, arbitrary, self-willed.

ved Hove, at court.

Tilsætning, addition.

en Ytring, an expression.

iöjnefaldende, striking.

magtpaaliggende, important.

pag. 157.

en Anskuelse, a view.

overeensstemmende med, conformable to.

indordne sig, to submit to, accomodate one's self to.

tage til Naade, take into favor.

gyde Olie i Ilden, to add fuel to the flames.

Redelighed, integrity, probity, honesty.

Regnskabsaflæggelse, an account.

Hovmod, arrogance.

pag. 158.

uheldigviis, unfortunately.

tabe paa Gulvet, to drop on the floor.

gaae itu, fall to pieces, go to pieces.

Nogensomhelst, any whatever.

komme i Knibe, get into a scrape.

Skyndsomhed, hurry.

et Brud, a breach.

raade Bod, to remedy.

faae Nys om Noget, to come upon the scent.

fortørnet, offended.

sætte Kronen paa Værket, to crown the work.

underkjøbe, to bribe.

Hovedmanden, the chief.

ufattelig, inconceivable.

fæste Lid til, to rely upon.

højtbetroet, highly trusted.

rænkefuld, intriguing.

tage Hensyn til, respect being had to.

en Modsigelse, a contradiction.

et falsk Foregivende, a (false) pretence.

pag. 159.

Opspind, invention.

mindske, to diminish.

Fyldestgjørelse, satisfaction.

komme i Folkemunde, to become the common talk.

Tidsrum, period.

et Mønster, a model.

altopofrende, all-sacrificing.

deels — deels, partly — partly.

Værdighed, dignity.

Indtægter, income, revenue.

harmfuld, indignant.

skarpsindig, penetrating, shrewd.

imødekommende, obliging.

desangaaende, concerning.

pag. 160.

voxe nedad, to lower one's self.

plette, to stain.

hidtil, bitherto.

Haan, disdain.

Kvide, pain.

en Börneflok, a number of children.

234

tvetydig, equivocal.
nødtrængende, compelled by necessity.
lunefuld, whimsical.
udvirke, to effect.
tilbagekalde, to recall.
bede om Tilgivelse, to beg the forgiveness of a person.
Adfærd, behaviour.
bekvemme sig til, to submit to.
ubetinget, unconditional.
fornærmelig, injurious.
Landsherre, King.
Uredelighed, dishonesty.
en Pengesum, a sum of money.
inddrage Gods, to sequestrate.
Sigtelse, accusation.
Underslæb, embezzlement.
hentyde til, to allude to.
overdrage, to intrust with.
landflygtig, exiled.
staae inde for, to answer for.

pag. 161.
nægte, to deny.
de lyve, they tell stories.
Midler, property.
see tilgode, to benefit.
fortryde, to regret.
ansøge om, to ask for.
staae En frit for, be at liberty to do.
det Halve, the half.
ikke destomindre, nevertheless.
ærelos, ignominious.
for saavidt, as far as.
ovennævnte, named.

være uvidende om, to have no knowledge of.
en Kvittering, a receipt.
en tilfældig Omstændighed, an accident.
være vel stemt, to be disposed in favor of.
slutte Forbund, to form an alliance.
Tvistigheder, quarrels.
tage En Noget ilde op, to take in bad part.
opnaae, to attain.
en Efterfølger, a successor.
indkalde, to call in.
Thronafsigelse, resignation.
billige, to approve of.
pag. 162.
være enig med Nogen, to agree.
et Punkt, a point.
en Stormand, a Grandee.
afslaae en Anmodning, to deny a request.
ophidse, to excite.
forræderisk, treacherous.
besmykke, to gloss over.
forurette, to wrong.
fortrædige, to vex.
stridlysten, fond of combat.
haardfør, hardy.
Prøvelse, trial.
nødtvungen, compelled by necessity.
Baade, benefit.
trofast, trusty.
underskrive, to sign one's name.

Fredsbetingelser , terms of peace.
størstedelen, mostly.
tage Bolig, to establish.
afstaae, to give over.
et Naborige, a neighbouring kingdom.
mistænke, to suspect.
lægge Sag an, to prosecute.
under Paaskud af, pretending.
et Slagtilfælde, apoplexy.
paa Ens Vegne, on the behalf of one.
fyndig, impressive.
Snille, sagacity.
blive frikjendt, to be acquitted.
Frifindelse, acquittal.
undvige, to escape.
gjøre store Øjne, to be struck with astonishment.

pag. 163.
troløs, perfidious.
Enevoldsmagten, the absolute monarchy.
utidig, untimely.
have En Noget at takke for, to be indebted to one.
trædsk, crafty.
Frænde, relation.
Ære og Værdighed, honor and dignity.
som han foregav, as he pretended.
Frifindelsesbrevet, the letter to prove his acquittal.
faae Fingre i, to get, to catch.

domfældt, condemned.
redde sig ved Flugten, to escape by flight.
en vrinsk Hest, a proud horse.
fordærvet, spoiled.
Nærværelse, presence.
ønskelig, desirable.
skilte ad, separated.
sammesteds, in the same place.
Forholdsregel, proceeding.
plage, to plague, torment.
paatvinge, to obtrude, force upon.

pag. 164.
Sammenstød, collision.
utaalelig, intolerable.
Drillerier, teazings.
desværre, alas.
ruge over, to brood over.
brat, abrupt.
bære Vidne om, bear witness to.
en Hjertesorg, a heartfelt grief.
Ægtefolk, man and wife.
laane Øre, give ear to.
en Adelsmand, a nobleman.
tilsigtet, intended.
Mildhed, mildness.
forpligte sig til, to engage.
stridende, contrary to.
fremmed Tjeneste, foreign service.
raadføre sig, to consult.
Modgang, adversity.
bære Ulykken, to endure the misfortune.
gjøre Afbigt, to make an apology.

236

efter Opfordring, after solemn
appeal.
afstaae til Kronen, give over
to the state.
kuende, subduing.
nedtrykkende, depressing.
slippe bort, to get or to es-
cape away.
svækket, weakened.
Livskampe, struggles.
tilstaae en Bøn, to grant a
petition.
istedenfor, instead of.
uagtet, although.
afstaae fra, to renounce.

pag. 165.

ved höjlys Dag, at broad
day-light.
gjennemboret, stabbed.
didkaldt, sent for.
skyndsom, hasty, hurried.
Morderen, the murder.
paagreben, seized.
en trofast Viv, a faithful
wife.
landflygtig, exiled, banished.
trængende, to be in want or
nead.
sætte Kronen paa, to crown.
forlede, to mislead.
opmuntre, to encourage.
en Tilskyndelse, an incite-
ment.
strax, instantly.
ubesindig, imprudent.
utaknemmelig, ungrateful.
skjult, in concealment.

en Priis sat paa hans Hoved,
a price was set on his
head.
Halvdelen, half the sum.
imidlertid, meanwhile.
Hovmester, private tutor.
troe sig sikker, believe him-
self in safety.
hemmelig, secretly.
en sildig Aftenstund, late in
the evening.
en Feberrystelse, a shivering
fit.
et Lig, a dead body.
et Kloster, a monastery.
begrave, to bury.
höjtstaaende, high-born, most
noble, highly esteemed.

pag. 166.

Skarpsindighed, acuteness.
Veltalenhed, eloquence.
Ridder, knight, nobleman.
faae tilægte, marry.
Glimmer, glimmer.
fjernt, far away.
brændemærket, stigmatized.
mildne, to alleviate.
den sidste Stund, the hour of
death.
et mørkt Fængsel, a dungeon.
udstridt, his struggle was
brought to an end.
betale Gjæld, to settle an
account.
forsmædelig, ignominious.
vedkjende sig, to acknow-
ledge.
tryg, safe.

et forræderisk Anslag, a treacherous plan.
udlevere, to deliver up.
formaae, to persuade.
spadsere, to take a walk.
Tilsagn, promise.
Forfølgelse, persecution.
Ankomsten, the arrival.
uværdig, disgraceful, unworthy.
haanende, disdainful.
afføre En sine Klæder, to undress one.
iføre En Klæder, to dress one.

pag. 167.
grov, coarse.
Kostbarheder, things of value.
Smykker, jewelry, precious stones.
»Blaataarn«, »the blue tower«.
lide meget Ondt, suffer much.
hele Maaneder, for months.
Lysning, lighting.
et Vindue, a window.
kvæles, to be suffocated.
Røg, smoke.
et Kakkelovnsrør, a tube, pipe of a stove.
en Kniv, a knife.
et Stykke Been, a piece of bone.
Naal og Traad, thread and needle.
Enhversomhelst, every one.
uhyggelig, uncomfortable.
Opvarterske, waiting woman.

et Paabud, an injunction.
paatvungen, pressed upon.
Uvished, uncertainty.
vanke om, to wander, stroll.
den vide Verden, the wide world.
hjertebrudt, heart-broken.
Virken, occupation.
en Taaresæd, a sowing in tears.
en Glædeshøst, a reaping in joy.
en Spire, a sprout.
Hengivelse, resignation.
opretholde, to raise.
haardtprøvet, highly tried.
böje sig, to be humble.
Kongedatteren, the daughter of a King.
savne, to feel the want of a thing.

pag. 168.
være blottet, to be destitute of.
Bydende, commandment.
Kjedsomhed, irksomeness.
en Spaanpind, a chip.
en Væv, a loom.
optrævle, to unravel.
harsk, rancid.
Slutteren, the jailer.
omsonst, in vain.
forsmaae, to refuse.
Baldyrekunst, the art of embroidery.
udkaste et Billede, to make a likeness.
formaae, to prevail on, persuade.
uforsonlig, irreconcileable.

238

opnaae, to attain.
Udfrielse, deliverance.
et Bæger, a goblet.
Leer, clay.
en Murer, a mason.
en Træpind, a wooden stick.
Linier, lines.
idetmindste, at least.
gunstig, favorable.
gaae i Forbøn, to intercede
in favor of.

pag. 169.

Slotsfogden, the steward of
the palace.
tilstille, to send.
klogere, more clever.
Livsforhold, conditions of life.
ilive, alive.
beherske, to rule.
have Medlidenhed med, to take
compassion on.
Lindring, alleviation.
Husvalelse, comfort, solace.
efter Godtbefindende, at plea-
sure.
Erkjendelse, acknowledge-
ment.
gjældbunden, involved in debt.
en Enkedronning, a queen
dowager.
erfare, to come to the know-
ledge of.
bevæget, troubled.
Fængselsvraa, prison.
tillokkende, attracting.
kvalfuld, agonizing.

pag. 170.

Forkrænkelighed, perishable-
ness.
revse, to punish.
Hjemsögelser, inflictions.
Elendighed, misery.
frejdig, intrepid.
furet, furrowed.
et indesluttet Rum, an in-
closure.
et skarpt Syn, a sharp sight.
Afstand, distance.
bekvem, comfortable.
Enke, widow.
tilfreds og glad, very happy.
velgjörende, charitable.
kvindelig Syssel, female occu-
pation.
dreje, to turn.
væve, to weave.
et Alterklæde, an altar-cloth.
Trofasthed, faithfulness.
blues, to be ashamed.
Korsdragerinde, cross-bearer.
rette Hjem, true home.
Frihed, liberty.

pag. 171.

opstige, to raise.
en Hob, a crowd of people.
trindt, around.
vige tilside, to give way,
step aside.
undre sig, to be astonished.
stirre, to stare, gaze.
gold, ufrugtbar, sterile.
en Viinhandler, a wine mer-
chant.

født, born.
Barndom, childhood.
Anlæg, talent.
Embedsexamen, the examination requisite for obtaining office.
foruden, besides.
søge sin Lige, to be of a remarkable capacity.
efterlade, to leave.
trange Kaar, bad circumstances.
tarveligt, poorly.
en Videnskabsmand, a literary man, a man of science.
en Velynder, a benefactor.
lægge Grund, to lay the foundation, make the beginning.
særdeles, particular.
Tilsagn, promise.
sjelden, rare.
ualmindelig, uncommon.
med Tilføjende, adding.
brugbar, useful.
en Höjskole, an academy, a university.

pag. 172.
drage Nytte, to profit.
Hjemkomst, return home.
faae En itale, to gain access to one.
en Stilling, Ansættelse, an appointment.
omsider, at last.
paafølgende, following.
et Par Aarstid, about two years.

Sygdom, illness.
et Udkast, a copy.
en Forhandling, a negociation.
bestemme, to make up one's mind.
en Hofmand, a courtier.
indenfor, inside.
en Skrivelse, a letter. (spec. official).
misfornöjet, displeased.
Gulvet, the floor.
kaste sin Naade paa, to be graciously pleased to.
Understøttelse, support, assistance.
Statssager, state affairs.
hans Opmærksomhed blev vakt, his attention was called to.
Fremtræden, appearance.
föje sine Ord godt, to be eloquent.
Indhold, content.
fjerne sig, to withdraw.
Betænkning, opinion.

pag. 173.
en Afhandling, a tract, treaty.
Gehejmekabinetssekretær, first private secretary.
indsigtsfuld, sagacious.
føre sin Pen, to be an able writer.
Kongeloven, the King's law, the fundamental law.
Skarpsindighed, acuteness.
Tydelighed, distinctness.
Klarhed, clearness.
pludselig, suddenly.
Sotteseng, sick-bed.

begavet, talented, highly gifted.

Ærgjerrighed, ambition.

Hovmod, haughtiness.

udfolde sig, to develope.

Misundelse, envy, jealousy.

Nid, envy.

følge i Hælene, to go along with.

Giftermaal, marriage.

en anseet Familie, a family of consideration.

blive ophöjet i Adelstanden, to be admitted among the nobility, to be ennobled.

Opadstigen, elevation.

bebrejde, to reproach.

Medvirken, operation, assistance.

pragtsyg, fond of pomp or show.

Rangsyge, fond of titles or rank.

pag. 174.

Anerkjendelse, acknowledgment.

Höjagtelse, high esteem.

Beundring, admiration.

Datiden, that time.

nydelsessyg, fond of pleasure.

mindske, to diminish.

Lykkens höjeste Top, the summit of fortune.

Hjemsøgelse, trial.

tage sig nær, to take to heart.

lysvaagen, wide awake.

den kongelige Slægt, the Royal family.

ligegyldig, indifferent.

Færd, proceeding.

et ønskeligt Udfald, a desirable result.

ane, to suspect.

hvor han agtede sig hen, where he was going.

Kantsleren, the chancellor.

kort, abrupt.

pag. 175.

spærre Vejen, to stop the way.

forföje sig, to go.

Ophöjelse, elevation.

Fornedrelse, debasement.

forsegle, to seal.

falde i Unaade, to be in disfavor.

en Statsfange, a state prisoner.

modfalden, dispirited.

forstemt, in low spirit.

gjentagne Gange, several times.

bevise, to prove.

Höjforræderi, high treason.

et Klagepunkt, a complaint.

misbruge, to misuse, abuse.

utilbørlig, improper.

usand, false.

ubeviislig, not to be proved.

Myndighedstid, the time of his authority.

tilende, past.

afskyelig, abominable.

affatte, to compose, write.

indstændig, earnestly, urgently.
blive stillet for Kongen, to be introduced to the King.
pag. 176.
underskrive, to sign.
en Dødsdom, a sentence of death.
forstødes, to be cast out.
tilintetgjöres, to be annihilated.
sønderbrydes, to be broken asunder.
Bøddelen, Skarpretteren, the executioner.
Gods og Formue inddrages, fortune and property be sequestrated.
bede om Naade, to supplicate for mercy.
en falden Statsmand, a fallen statesman.
være ubönhørlig, refuse to grant a prayer.
Sönnedatteren, the granddaughter.
efter Sigende, at it is said.
forbitret, angry, exasperated.
en Almanak, an almanac, a calender.
Majestæten, His Majesty.
Fuldbyrdelse, accomplishment.
den Domfældte, the condemned man.
Ruden, the pane.
tyde hen paa, to allude to.
faae Blik for, be sensible of.

glippe, to fail, miss.
trofast, faithful, trusty.
grum, atrocious, revengeful.
svigefuld, faithless.
skrøbelig, weak.
huld, gracious.
afskyelig, detestable.
vanærende, ignominious, infamous.
et Skuespil, Skue, a spectacle, play.
pag. 177.
Retterstedet, the place of execution, scaffold.
Tilberedelser, preparations.
vare trufne, had taken place.
en Ligkiste, a coffin.
et Vaabenskjold, a crest, arms and shield.
bibringe, to inflict.
udtrykkelig, uforanderlig, express, unalterable.
udstaae, to suffer.
livsvarigt Fængsel, prison for life.
tjene som Soldat, be a soldier.
den hele Levetid, all his life.
afslaae, to decline, refuse.
aarelade, to bleed.
altformaaende, to have the greatest influence.
nys, lately.
Landets Styrer, the King.
knæle, to kneel down.
give til Priis, to abandon to the mercy of.
ond Spot, wickedness.
hadefuld Omtale, scornful talk.

16

Forbön, intercession.
kold og øde, cold and desolate.
en Klippefæstning, a strong-
hold.
savne En, to feel the want
of a person.
Indsigtsfuldhed, profound.
knowledge.
komme til Roret, be at the
helm.
evnerig, richly gifted.
ensom, lonely.

pag. 178.

jordiske Ting, temporal,
worldly affairs.
det ene Fornødne, the one
thing needful.
et Söm, a nail.
en Bjælke, a beam, balk.
blive urolig, to be anxious.
udvirke, to effect.
undersøge, to examine.
ydmyget, humbled.
Overvejelser, meditations.
Tankesprog, contemplations.
Kommandanten, the comman-
der.
Tilværelse, existence.
Tavle og Griffel, a slate and
pencil.
hans Helbred lider, his health
suffers.
indesluttet, to be locked up.
forværres, to grow worse.
en Talsmand, an advocate,
spokesman.
gjensee, to see again, meet
again.

höjtelsket, highly beloved.
en Slægtning, a relation.
Aarsdagen, the anniversary.
23 Aar tidligere, 23 years
ago.

pag. 179.

en Søhelt, a naval hero.
lysne, lighten.
oprindelige Navn, family
name.
blive dræbt, to be killed.
Snildhed, shrewdness.
snarraadig, resolute.
et eventyrligt Præg, a mar-
vellous stamp.
en Raadmand, a magistrate.
nedstamme, to be a descen-
dant.
ikke have Lyst til, not feel
inclined to.
komme i Skræderlære, to be
the apprentice of a tailor.
balstyrig, unruly.
livlig, lively, vivacious.
kaad, mischievous.
gjöre En det broget, to an-
noy one.
gaae tilsøes, to be a sea-
faring man.
komme paa sin rette Hylde,
to be in one's right place.
et Skudsmaal, a character.
en Prydelse, an ornament.
en haard Kuling, a violent
breeze, a gale.
gaae tilvejrs, to go aloft.

være indviklet i Krig, to be in war, be preparing for war.
nittenaarig, 19 years old.

pag. 180.

synes godt om, to like well.
anbetroe, to trust one with.
krydse, to cruise.
istedenfor, instead of.
flink og kæk, quick and bold.
en Sømand, a mariner.
et dristigt Foretagende, a daring undertaking.
Rygte, Berömmelse, report, fame.
Uvenner, enemies.
let at forstaae, a matter of course.
Bestræbelser, efforts.
blive stillet for en Krigsret, to be summoned before a court martial.
Føreren, the commander, chief.
isærdeleshed, especially.
aarvaagen, watchful.
en Krydser, a cruiser.
List, stratagem, artifice.
Aandsnærværelse, presence of mind.
uhørt Raskhed, smartness unheard of.
blive til Skræk, to be the terror.
skræmme, to frighten.
ustyrlig, naughty, unruly.
dumdristig, rash.

give sig i Kast med, to take up with.
slippe godt fra det, to get off, or, escape well.
en Velynder, a patron.
et Angreb, an attack.
Iver, zeal.

pag. 181.

herefter, from this day, hereafter.
tordne, to thunder.
en Bedrift, an achievement, exploit.
befæstet, fortified.
forskandset, intrenched.
et snevert Indløb, a narrow pass, entrance.
udspejde, to spy out.
et Gjæstebud, a banquet, feast.
en Overrumpling, a surprise.
komme paa Benene, to be awaken, under arms.
en svær Dyst, a heavy strife.
forvoven, daring.
næstefter, next to.
Indtagelsen, the taking, carrying by storm.
uovervindelig, invincible.
belejre, to besiege.
blive kastet tilbage, to be defeated.
Heltekongen, the heroic King.

pag. 132.

en Kugle, a ball, bullet.
de Omkringværende, people standing around.
Løbegravene, the trenches.
et Brystværn, a parapet.

16 *

244

en Hemmelighed, a mystery.
Kuglerne suse, the balls whistle.
dødbringende, mortal.
til Trods for, in spite of.
trods, although, notwithstanding.
at trodse, to bid defiance to, to brave.
for ringe, insufficient.
snedig, crafty, cunning.
forklædt, disguised.
en Indfødt, a native.
komme tilpas, to be in the right place, come to one's aid.
blive røbet, to be discovered, betrayed.
Menneskekjærlighed, philantropy.
være betrængt, to be in distress, afflicted.

pag. 183.
Snarraadighed, quick decision.
Præg, character.
lyste, to desire, to delight in.
Skaaningerne, the inhabitants of the province »Scania«.
ombytte, to change.
liste sig bort, to steal away.
Toldboden, the custom house.
en Bondeby, a village.
kige ind, to peep in.
Brudgommen, the bridegroom.
Brudeskammelen, the stool on which the bridal pair kneel.

Vielsen, the marriage.
Bryllupsfesten, the nuptial festival.
Oplysning, information.
desangaaende, concerning it.
pag. 184.
nødtvungen, compelled by necessity.
Gavmildhed, bountiful gifts.
de Undergivne, the inferiors.
en Skibsraa, a yard.
tjene til Blink, be the gleam, glimpse.
overhængende, imminent.
Tiltrækningskraft, attraction.
en giftig Slange, a venomous serpent.
Overtro, superstition.
Hesten styrtede, the horse fell with him.
Optrækkeri, swindling.
lokke til Spil, to seduce, tempt to gambling.
pag. 185.
en Forskrivning, a bond.
et fornemt Middagstaffel, a dinner party in a high circle.
en Optrækker, a swindler.
yppe Strid, to pick a quarrel.
maale sin Kaarde, to fight a duel.
en æreløs Karl, an infamous fellow.
Yndling, favorite.
et Mord, a manslaughter, murder.

pag. 186.

en ærlig Tvekamp, an honest duel.

en Daare, a fool.

Lader og Fagter, manners and gestures.

indsmugle, to smuggle in.

en Græshoppe, a grasshopper.

halvandethundrede, 150.

en Ungersvend, a young fellow.

en lille Skude, a little vessel.

en Huuslærer, a private teacher.

Noget at leve af, the sustenance of life.

skærpe sit Blik, to be sharp, keen, sagacious.

vittig, witty.

en Forfatter, an author.

gaae tilgrunde, to be spoiled, destroyed.

pag. 187.

iførstningen, at first.

forarge, to give offence, scandalize.

gammeldags, old fashioned.

neppe, scarcely.

skræmme, to frighten.

en Lugekniv, a hoe, a weeding fork or knife.

Ukrud, weed.

Mjød, mead.

værdifuld, valuable.

en Beskrivelse, a description.

mangfoldige, many.

Spidsborgerlighed, vulgar, narrow minded views and behaviour.

Smaalighed, littleness.

sprudlende, superior (sparkling).

Opsigt, sensation.

Harme, resentment, displeasure.

de Store, great people.

sund Sands, sound sense.

føle sig truffen, to be offended, to find one's honour impeached.

pag. 188.

»den politiske Kandestøber«, »the state tinker«.

»den storpralende Soldat«, the boasting soldier».

»den snakkesyge Barbeer«, the excessively talkative barber«.

kappes om, to emulate, vie.

Stof, subject.

Lethed, facility.

stille, quiet.

afholdende, frugal.

rigeligt Maal, abundance.

Jordegodser, estates.

en Opdragelsesanstalt, a college, an educational establishment.

fælde Dom, to pass sentence.

løfte til Skyerne, to extol to the skies.

Forekommenhed, to be obliging, complaisance.

pengegjerrig, greedy of money.

menneskefjendsk, misanthropical.

246

opfarende, passionate.
holde for, *ansee*, to consider, judge.
en Særling, a strange person.

pag. 189.
Skinnet, the appearance.
en Gnier, a miser.
ytre, to utter, say.
muligviis, possibly.
løse Pungen op, to open the purse.
slaae Knuder for den, to fasten the purse.
vranten, peevish, cross.
fortrædelig, morose, crabbed.
Snak, talk, twaddle.
ubeføjet, unauthorised.
ugift, unmarried, single.
begavet, talented.
jevn, plain.

pag. 190.
Edens Have, the garden of Eden.
Hvalen, *Hvalfisken*, the whale.
Sorenskriver, village judge.
gamle Skrifter, ancient books.
Hedninger, heathens, pagans.
oplues, to be inspired, fervent.
Evangeliet, the gospel.
Betænkeligheder, scruples, hesitations.
meddele, to communicate.
understøtte, to assist, support.
Anstrængelse, effort, exortion.
overvælde, to overwhelm.
formaae En til Noget, persuade one.

tabe Modet, to lose the desire, be disheartened.
Fortrædeligheder, troubles, annoyances.
Embedsførelsen, the function, official duties.
være rede, to be willing.
Selvfornægtelse, self denial.

pag. 191.
begejstret, *nidkjær*, zealous.
dæmpe, to suppress.
indvortes Strid, inward struggle.
Udsigt, prospect.
drive, tilskynde, to encourage.
Dødens Skyggedale, the valley and shadow of death.
vanvittig, mad.
have Syner, to be visionary.
döje Haan og Spot, to be scoffed at and scorned.
Næringssorg, care arising from want.
Ly, shelter.
Skærm, protection.
vankundig, ignorant.
ureenlig, unclean.
vække af Dvale, to awake from a torpid state.
Börnekopper, small-pox.

pag. 192.
hjælpe En tilrette, to come to one's aid.
en Lovtale, a praise.
en Ravn, a raven.
først og fremmest, beyond all, especially.

grundlægge, to lay the foundation.

lad ham see til, let it be his own business.

Standhaftighed, firmness, constancy.

Tilflugt, refuge.

beskæmmet, ashamed.

indbringende, lucrative.

Hvalfiskefangst, whale fishery.

Frist, prolongation.

pag. 193.

vende hjem, to return home.

Savn, want.

Opofrelser, sacrifices.

Ulempe, inconvenience.

snurrig, droll, funny.

naturligviis, of course.

kostbart, valuable.

sætte Priis paa, to appreciate.

opspore, to discover.

gaadefuld, enigmatical.

opklare en Hemmelighed, to throw light upon a mystery.

sammensye, to sow together.

en Skindpelts, a leathern jacket or cloak.

tilvende sig, to acquire by underhand means.

være forvisset om, to be sure of.

adsplitte, to scatter.

have travlt, to be very busy.

et Tordenslag, a clap of thunder.

lytte til Ordet, to listen or attend to the word of God.

en Sjælesörger, a minister of the gospel.

et Tab, a loss.

pag. 194.

Taalmod, patience, resignation.

skrante, to be ailing, in delicate health.

menneskekjærlig, philantropic.

ufortröden, indefatigable.

svækket, debilitated.

begge hans Dötre, his two daughters.

jordiske Levninger, mortal remains.

blive jordet, to be buried.

en Læreanstalt, an academy for public instruction.

höjlig blive savnet, to be highly regretted.

et Mindekvad, a commemorative poem.

kvæde, to sing.

en Bavtasteen, cairn, monumental stone.

isnet, chilled.

Bölgebjerge, mountain waves.

gjennem Natten, through the night.

---

pag. 195.

en Billedskærer, a carver.

Kaar, circumstances.

faae Adgang til, to be admitted to.

Vorherre, the Lord God.

ytre sig, appear.

en Purk, a little fellow.

248

en *Klump Leer*, a clump of clay.
Udholdenhed, assiduity.
Kunstakademiet, the Royal academy.
at *erhverve*, to acquire.
tarvelig, humble.
omsider, at last.
at *forjætte*, to promise.
en *Landsmand*, a countryman.
navnkundig, renowned.

pag. 196.

heldigviis, fortunately.
et *Hæderstegn*, a mark of distinction.
fordringsfri, unpretending.
Væsen, manners.
Begejstring, enthusiasm.
et *Aarstid*, a twelvemonth, about a year.
lade sig forstaae med, to give a hint, hint to.
Indtog, entry, procession.
hjertelig, cordial.
Jubel, shout.
alderstegen, aged.
afpræge sig, be apparent, expressed.
uafbrudt, continually.
Hjemlandet, the native land.
udslukke, to extinguish.
Ildebefindende, illness.
et *Skuespil*, a play, spectacle.
skatte, to appreciate.
righoldig, rich.
med Rette, justly.
værdifuld, valuable.

efterlade, to bequeath.
samle, to get, gather.
Oldsager, antiquities.

pag. 197.

opbevare, to keep, preserve.
Minde, reminiscence.
ubetydelig, insignificant.
ringe, of no account.
uvirksom, inactive.
fortrinlig, distinguished, excellent.
det gyldne Skind, the golden fleece.
Navnkundighed, celebrity.
fuldende, to finish.
sønderbryde,to break asunder.
kosteligt, precious.
afstøbe, to cast.
Gips, plaster.
bestille, to order.
Forhallen, the hall.
en *Frise*, a frieze.
Sejerherren, the conquering hero.

pag. 198.

tilstrækkelig, sufficient.
stemple, to stamp.
en *Stordaad*, a great achievement.
skifte og dele, to divide.
hans Magts mest glimrende Höjdepunkt, the most splendid period of his grandeur.
udsmykke, to embellish.
en *Bygmester*, an architect, a builder.
derboende, who lived there.

paatage sig, to undertake.
Fristen, the (short) space of
   time.
en Indviet, an initiated.
Præg, stamp, appearance.
et Hastværksarbejde, a hurried
   work.
Hentydning, allusion.
udtøle, to express.
en Lædskedrik, a refreshing
   beverage.
lytte, to listen.
Tilstedeværelse, presence.
et Sindbillede, a symbol.
sindrig, ingenuous.
   pag. 199.
et Gravsted, a burial place.
lovsynge, to praise.
Luren, the trumpet.
Lauren, the laurel.

---

pag. 200.
en Hædersmand, an honorable
   man.
et Aarhundrede, a century.
en Apothekersön, the son of
   a chymist.
en Videnskab, a science.
Oplysning, enlightenment.
at skatte, to appreciate.
Aandsevner, faculties.
overvejende, superior.
Levnetsbeskrivelse, biography.
utænkelig, inconceivable.
utallig, innumerable.
mangfoldig, many, manifold.
bevægende, moveable.

Dampkraft, steam power.
Kløgt, sagacity.
Forbedringer, improvements.
   pag. 201.
Virkning, effect.
komme nær, *taale Sammen-
   ligning*, to compare with.
höjbaaren, high-born.
afholdt, beloved.
hengiven, affectionate.
virke, to be active.
Miskjendelse, misjudgment.
vrang, wrong.
Anskuelse, view.
Adfærd, proceeding.
Bortgang, decease.
ophöjet, distinguished.
et Hædersnavn, a glorious
   name.
en Lovkyndig, a lawyer.
vexle og skifte, change and
   shift.
Fordringer, claims, preten-
   sions.
skarpsindig, penetrating.
fremragende, superior.
overvejende, distinguished.
yde, to bestow.
fremkalde, to help on, promote.
viet, consecrated.
Samklang, harmony.
Selvstændighed, independen-
   cy.
Udvikling, development.
en Forkæmper, a leader.
Krav, claim.
   pag. 202.
Paaskjønnelse, appriceation.

en *Samtidig*, a contemporary.
frisindet, liberal.
en *Ædling*, a nobleminded man.
frejdig, intrepid.
fornærmet, insulted, wronged.
en *Nidding*, a treacherous villain.
Rædsel, horror.
Muld, mould.
Trykkefrihed, liberty of the press.
en *Forening*, an association.
Lovgivning, legislation.
gavnrig, profitable.
nogensinde, ever.
fremvise, to boast of, display.
eenstemmig, unaminous.

pag. 203.
en *Runemester, Runetyder*, an interpreter of runic characters.
navnkundig, renowned.
en *Sprogforsker*, a linguist.
en *Oldgrandsker*, an antiquarian.
sammesteds, in the same place.
destoværre, alas.
ligeledes, also.
en *Huusmandssön*, the son of a cottager.
ualmindelig, uncommonly.
Anlæg, talents.
bane Vej, to make way.

komme igjennem en Klasse, get through a class.
til samme Tid, at the same time.
næsten, almost, nearly.
Vejledning, guidance, assistance.
en *Hjælpekilde*, a resource.
en *Ordbog*, a dictionary.
en *Sproglære*, a grammar.
en *Velynder*, a favourer, patron.
en *Medvirken*, an aid.
en *Ansættelse*, an appointment.
trange Kaar, bad circumstances.
Timeunderviisning, private lessons.
granske, search into.
et *Kildeskrift*, the original text.
oversætte, to translate.
tilbørlig, sufficiently.
fjerntliggende, distant.
tilfredsstille, to satisfy.
rigeligt Omfang, great extent.
en *Videnskabsmand*, a literary man.

pag. 204.
vidt han vandred, he wandered far away.
lede, to seek, search.
et *Særsyn*, a prodigy.
allevegne, everywhere.
foretage sig, to undertake.

Printed in the USA
CPSIA information can be obtained
at www.ICGtesting.com
LVHW092143101023
760767LV00004B/13

9 789354 179013